风险导向审计

——理论、准则和实务

唐建华　著

中国财政经济出版社

图书在版编目（CIP）数据

风险导向审计——理论、准则和实务/唐建华著．—北京：中国财政经济出版社，2012.6

ISBN 978－7－5095－3664－3

Ⅰ.①风…　Ⅱ.①唐…　Ⅲ.①审计－风险管理　Ⅳ.①F239.0

中国版本图书馆 CIP 数据核字（2012）第 088797 号

责任编辑：蔡丽兰　　　　责任校对：张　凡

封面设计：郁　佳

中国财政经济出版社出版

URL：http：//www.cfeph.cn

E－mail：cfeph @ cfeph.cn

社址：北京市海淀区阜成路甲 28 号　邮政编码：100142

发行处电话：88190406　财经书店电话：64033436　84041336

北京富生印刷厂印刷　各地新华书店经销

880×1230 毫米　32 开　6 印张　146 000 字

2012 年 6 月第 1 版　2012 年 6 月北京第 1 次印刷

定价：28.00 元

ISBN 978－7－5095－3664－3/F·3012

（图书出现印装问题，本社负责调换）

本社质量投诉电话：010－88190744

前　言

近些年来，伴随着安然、世通、银广厦等公司财务舞弊事件，风险导向审计引起了审计学术界和实务界的关注。风险导向审计也成为众说纷纭、莫衷一是的一个核心审计概念。本书试图撩开它神秘的面纱，对现有的风险导向审计研究成果进行系统梳理，去伪存真，形成一份风险导向审计的综合文献，对传统风险导向审计的本质和特点、与制度基础审计的分野、经营风险导向审计的本质、经营风险导向审计与传统风险导向审计的异同、经营风险导向审计的优缺点、审计方法论演进的动因等诸多问题进行了系统的阐释，力争回答理论界的困惑和争论。

审计准则是先进审计理念和方法的体现，风险导向审计思想从提出到最终上升为审计准则制定的一个指导原则，经历了一个漫长的过程，有必要对风险导向审计思想对审计准则的影响进行历史研究。本书以美国审计准则发展史作为案例进行研究，梳理风险导向审计对审计准则影响的脉络，揭示审计准则未来演进的方向。

2006 年 2 月 15 日，财政部发布了新的注册会计师执业准则体系，其在技术上最大的亮点是全面贯彻了风险导向审计的理念。本书旨在对风险导向审计准则进行解析，帮助注册会计师准确理解和把握准则的精髓。同时，对风险导向审计准则贯彻实施中遇到的难点和障碍进行总结，并提出解决办法。

需要强调的是，此书出版系个人行为，书中观点不代表作者本人所在单位的观点。

作者

2012年5月

目　录

第一章 导 论

一、研究背景与问题

（一）关于传统风险导向审计

近几年来，审计方法论（Audit Methodology）的研究引起了审计理论界的关注。审计方法论不同于具体的审计程序（Audit procedures），它指的是审计工作的总体思路和审计流程的设计。从历史的角度看，审计方法论的演进经历了三个阶段，即账项基础审计（Accounts - based auditing）、制度基础审计（System - based auditing）和风险导向审计（Risk - based auditing）。

传统的风险导向审计形成于20世纪70年代末和80年代初，迄今为止已有30余年历史。Cooper 和 Turley（1991）指出，在审计证据决策中对风险概念运用的不断增加是近些年来审计方法论最重要的发展之一。虽然审计理论界对它有不少的研究成果，但这些研究成果比较零碎和分散，甚至相互矛盾。例如，朱小平、叶友（2003）曾慨叹，就目前而言，审计理论界对审计风险本身及其子概念存在着不同的认识；对与之相关的几个概念也存在着认识上的模糊与混淆；甚至存在着概念误用，或者将几个貌似一致的概念等同起来的种种问题。他们认为，这种不成熟的状态说明审计理论体系研究存在很大的空间。

因此，需要对传统风险导向审计的研究成果予以梳理，形成一份全面、系统的文献，对风险导向审计的本质、与制度基础审计的分野、演进的动因等诸多问题进行系统的阐释。

（二）关于经营风险导向审计

20 世纪 90 年代中后期，大型国际会计师事务所对审计方法论进行了创新，提出了经营风险导向审计（Business Risk Audits）。这些方法使传统风险导向审计思想得到了进一步发展和深化，在很大程度上改变了审计的思路和流程、审计证据的定义和获取途径、审计人员的知识和能力结构。国内外学术界注意到了这种变化，相关研究文献很多，但却对这种变化的性质、程度缺乏共识。例如，部分学者认为，风险基础审计中的风险是指传统意义上的审计风险。而朱小平、叶友（2003）认为，风险基础审计中的风险是指被审计单位的商业风险。

2001 年以来，美国相继爆发了安然和世通等事件、欧洲爆发帕玛拉特事件、中国也有锦州港和科龙等事件。这些公司都由引导审计方法论创新潮流的国际会计公司审计，引发了人们对经营风险导向审计的质疑。因此，十分有必要对审计方法论的演进进行深入的研究，包括经营风险导向审计的本质、经营风险导向审计与传统风险导向审计的异同、经营风险导向审计的优缺点、经营风险导向审计对审计理论和审计准则的影响等，回答理论界的困惑和争论，为我国审计准则的制定提供理论支持。

（三）关于风险导向审计思想与审计准则

审计准则是先进审计理念和方法的体现，风险导向审计思想从提出到最终上升为审计准则制定的一个指导原则，经历了一个漫长的过程，但是目前尚没有对这个过程进行系统研究的文献。

因此，有必要对风险导向审计思想对审计准则影响的历史进行研究。本书以美国审计准则发展史作为案例进行研究，梳理风险导向审计对审计准则影响的脉络，揭示审计准则未来演进的方向。

（四）关于风险导向审计准则的实务运用

2006年2月15日，财政部发布了新的注册会计师执业准则体系。该体系在技术上最大的亮点是全面贯彻了风险导向审计的理念，要求注册会计师在审计过程中以重大错报风险的识别、评估和应对作为审计工作的主线。要求注册会计师在审计实务中切实贯彻风险导向审计的审计准则主要有三项，包括《中国注册会计师审计准则第1101号——财务报表审计的目标和一般原则》、《中国注册会计师审计准则第1211号——了解被审计单位及其环境并评估重大错报风险》、《中国注册会计师审计准则第1231号——针对评估的重大错报风险实施的程序》。这三项准则共同构成了风险导向审计准则（Audit Risk Standards）。新的准则体系已自2007年1月1日起在中国境内所有的会计师事务所实施。

从国内外各方面的学术文献看，风险导向审计理念在审计实务中的运用与准则的要求和预期存在较大的差距。在我国，会计师事务所在方法论方面处于什么阶段，风险导向审计准则贯彻实施情况如何，在实施中有哪些难点，未来如何改进，这些问题都需要进一步研究。

二、本书的结构

本书首先对风险导向审计思想进行阐述，然后回顾风险导向审计思想影响审计准则的整个历史进程，最后落脚到风险导向审计准则的贯彻实施。全书共分七章，包括：

第一章对研究背景、研究问题进行介绍。

第二章、第三章对风险导向审计的基本理论进行研究，分别针对传统风险导向审计和经营风险导向审计，比较两个发展阶段的风险导向审计思想的特征、内涵、异同点及演进的动因等。

第四章以美国审计准则发展史作为案例进行研究，梳理风险导向审计对审计准则影响的脉络，揭示审计准则未来演进的方向。

第五章对风险导向审计准则进行解读，帮助读者理解准则的内涵。

第六章对风险导向审计准则在贯彻实施中遇到的难点进行总结。

第七章对研究结论进行总结并提出政策建议和未来研究方向。

本书附录对风险导向审计已有的研究成果和研究方法进行梳理，方便学术研究者继续深入研究这一课题。

第二章　传统风险导向审计基本理论研究

风险导向审计涉及很多理论问题，而对这些理论问题的不同认识和理解，直接影响风险导向审计作用的发挥。传统风险导向审计兴起于20世纪70年代末、80年代初，其成熟以美国注册会计师协会下属的审计准则委员会发布《审计准则公告第47号——审计风险和重要性》为标志。本章介绍和讨论传统风险导向审计的含义、流程、与制度基础审计的分野及演进的动因等理论问题，为研究风险导向审计准则奠定理论基础。

第一节　传统风险导向审计的含义及流程

对于“什么是风险导向审计”这个基本的问题，很多审计文献都有涉及，但认识并不一致，特别是对“风险”的精确含义甚至有截然不同的理解。为回答这个问题，笔者首先从审计文献找出贴近这个概念本质的表述，并试图在此基础上提炼出风险导向审计的含义、流程和特征。

一、传统风险导向审计的含义

Alderman 和 Tabor（1989）指出，在程序导向审计方法

（Procedures - driven Audit Approach）中，由审计程序引导收集审计证据的决策。在选择审计程序时，注册会计师不考虑审计风险及其对财务报表认定和具体审计目标的影响。在风险导向审计方法（Risk - driven Audit Approach）中，审计目标基于财务报表认定的重大错报风险确定，然后再根据审计目标确定审计程序。

Bell 和 Wright（1995）认为，风险导向审计（Risk - based Approach to Auditing）是一种系统的方法，在该方法下，测试的性质、时间和范围取决于评估的财务报表认定存在重大错报的风险。

Ricchiute（1998）指出，在20世纪70年代中期以前，许多审计在很大程度上以预先规定的一套程序为指挥棒，不同行业的审计程序差异很小。程序导向审计（Procedures - driven Audits）的逻辑是，撒一张程序大网，经过一年年的学习，审计人员执行审计程序会很快，这样可提高审计效率。最近，程序导向审计让位于风险导向审计（Risk - driven Audits），即在审计过程中，根据注册会计师的判断，如果某些账户或披露风险最大，注册会计师在该账户或披露相应投入更多的努力。风险导向审计的逻辑是，对注册会计师判断认为没有风险的账户或披露，不值得投入大量的努力。最需要掌握的是，无论是财务报表审计，还是其他鉴证业务中，风险管理都处于中心的位置。

Konrath（1999）在《审计概念与方法——一种风险分析的方法》中指出，审计风险分析直接针对固有风险、控制风险和检查风险。它是一种审计方法，该方法试图识别最有可能呈现重大错误和舞弊以及最复杂的领域。一经识别，审计风险必须被评价，对呈现最高风险领域的审计资源分配必须更慷慨。风险导向审计方法（Risk - driven Audit）仔细分析审计风险，根据审计风险分析结果确定重要性水平，进而制订审计计划，将大部分资源分配给高风险领域。相反，程序导向审计（Procedures - driven Audit）

不考虑审计风险的不同水平，均利用标准的审计程序表。

刘力云（1999）认为，风险基础审计以风险评估分析为基础，依据量化的风险水平决定实质性测试的程度和范围。

Knechel（2001）这样描述风险导向审计：注册会计师无法验证每笔交易或财务报表中的每项认定是否正确。即使这样做是可能的，但其成本将高昂到无法承受的地步。鉴于此，绝大多数注册会计师采取的办法是，集中力量检查最可能产生问题或错报的情形，这样可将时间和资源投入引起主要问题的领域。

笔者认为，可以从以下几个方面把握风险导向审计的本质：

第一，风险导向审计不同于具体的审计方法或程序（如函证、监盘、分析程序）等，它属于审计方法论（Methodology）的范畴，要针对的是审计工作的总体思路或策略，或者说，如何实施审计工作才能有效地实现审计目标。

第二，在风险导向审计模式下，审计被视为一个控制审计风险的过程。所谓审计风险是指财务报表存在重大错报而注册会计师没有发现的可能性。要控制审计风险，就必须首先识别和评估重大错报风险，然后有针对性地予以应对，最终将审计风险降低至可接受的低水平。因此，风险导向审计要求注册会计师在审计过程中以重大错报风险的识别、评估和应对作为审计工作的主线。换言之，整个审计工作要围绕重大错报风险的识别、评估和应对开展。在风险导向审计模式下，审计流程如图 2－1 所示。

第三，重视重大错报风险识别和评估的作用。

在风险导向审计模式下，重大错报风险的识别、评估和应对是注册会计师审计工作的主线，贯穿整个审计过程的始终，其中重大错报风险的正确识别和评估又是正确应对的前提。因此，风险识别和评估在风险导向审计模式中占据着核心的作用，起着为风险应对程序导向的基础作用。秦荣生（2003）指出，风险导向审计是以审计风险评估为起点的，审计风险的评估贯穿在整个

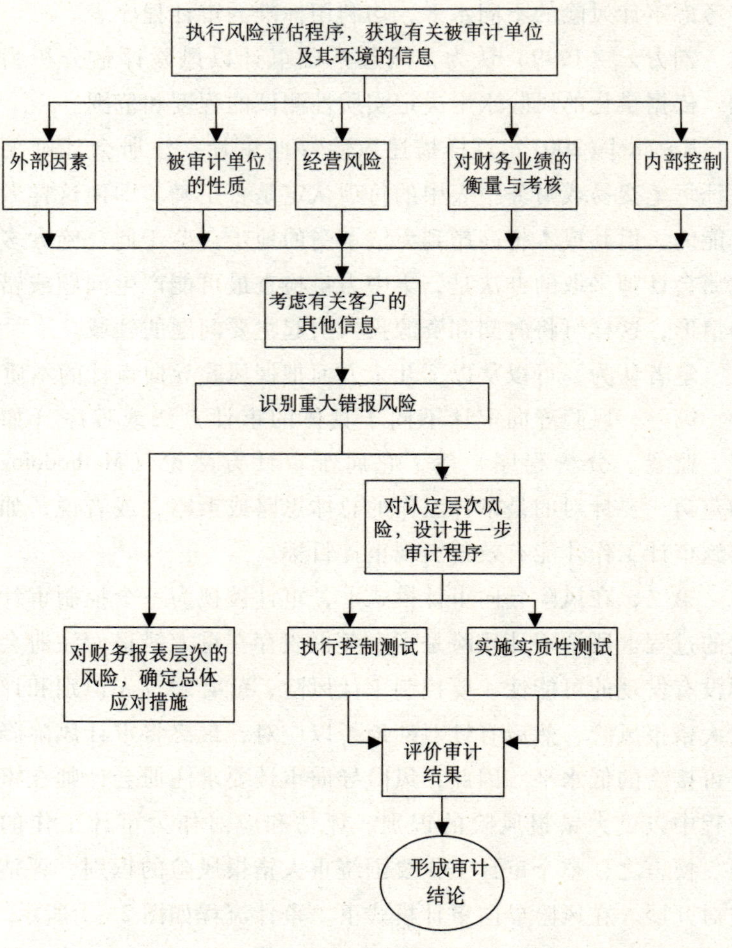

图 2－1　风险导向审计流程

资料来源：AICPA（2006，P5）

审计过程。为正确识别和评估重大错报风险，注册会计师需要深入广泛地了解被审计单位及其环境。具体讲，包括六个方面：（1）所处行业状况、法律环境与监管环境以及其他外部因素；（2）企业业务性质，包括组织架构、治理结构和所有权结构；（3）管理层选择和运用的会计政策；（4）企业经营目标、战略以及相关经营风险；（5）企业内外部对财务业绩的衡量和评价；（6）企业与审计相关的内部控制。

因此，在风险导向审计模式下，风险评估程序是审计中首先要实施的审计程序，是审计的切入点，需要投入更多的高层次审计人员的复杂脑力劳动。风险评估中获取的信息，也构成重要的审计证据。

第四，在风险导向审计模式下，风险引导资源的配置。

风险导向审计强调注册会计师实施的审计程序的针对性，要求审计程序与重大错报风险识别和评估结果之间有明确的对应关系，做到有的放矢。换言之，审计程序不是绝对的。一项审计程序是否实施、何时实施及在多大范围内实施（即审计证据决策），取决于重大错报风险识别和评估结果。

第五，审计资源分配向高风险领域倾斜。

风险导向审计反对平均分配审计资源，强调按照风险评估结果配置审计资源。针对评估的财务报表层次和认定层次的重大错报风险，注册会计师要分别予以应对。对高风险领域，注册会计师应当更为谨慎。配备足够的、能胜任的助理人员，并加强监督、指导和复核；加大审计程序的不可预测性；选用能获取更为相关可靠的审计程序，如对交易进行外部函证，收集独立来源的审计证据；在财务报表截止日或临近这一日期，而不是期中实施实质性程序；扩大样本量等。对低风险领域，可适当减少审计测试工作。

最后，将工作重心前移，减少对实质性测试的依赖。

历史地看，审计技术的发展经历了三个阶段：主要依靠实质性测试阶段、制度基础审计阶段和风险导向审计阶段。在主要依靠实质性测试阶段，注册会计师主要或全部依靠实质性测试来降低审计风险，其表现为直接检查会计账簿资料。在制度基础审计阶段，注册会计师首先测试产生这些账簿资料的过程，即评价相关的内部控制是否健全有效，然后再确定实质性测试的性质、时间和范围。换言之，注册会计师主要依靠控制测试和实质性测试降低审计风险。而在风险导向审计阶段，注册会计师依靠对客户背景情况的深入了解、分析程序、内部控制评价及实质性测试等多种途径降低审计风险，实质性测试的相对重要性降低了。

二、关于风险导向审计中“风险”含义的进一步探讨

目前学术界对于风险导向审计中“风险”的含义，有如下几种不同的理解：

1. “风险”指“重大错报风险”

以美国注册会计师协会审计准则委员会为代表的各国审计准则制定机构都持这种理解。所谓重大错报风险是指，财务报表在审计前存在重大错报的可能性。

2. “风险”指“被审计单位的经营风险”

20 世纪 90 年代中后期，“四大”国际会计师事务所提出了“经营风险导向审计”概念，将风险导向审计中的“风险”定位为“被审计单位的经营风险”。本章第二节将详细讨论。

3. “风险”指“审计项目给会计师事务所带来的经营风险”

Brumfield 等人（1983）最早提出了会计师事务所的经营风险概念，并探讨了它与审计风险的关系。事务所的经营风险是会计师事务所遭受损失或伤害的可能性，损失和伤害来自法律诉讼、行业监管机构的处罚及职业声誉受损等。事务所的经营风险与审计风险是相互联系但又不同的两个概念。随着审计风险的增加，事务所的经营风险也会增加。某些因素，如客户陷入财务危机，会同时增加审计风险和事务所的经营风险。反过来，事务所的经营风险也在一定程度上影响会计师事务所确定的可接受的审计风险。区别表现在：针对某笔业务，即使会计师事务所按照审

计准则的要求进行了审计并发表了恰当的审计意见，但该笔业务仍然可能给会计师事务所带来经营风险。某些因素，如客户是否为上市公司这个因素，若不考虑其对舞弊动机的影响，它对审计风险本身并无影响，但它会影响到审计失败后被发现的概率及赔偿后果，因而会影响到事务所的经营风险。

朱小平、叶友（2003）对审计风险、商业风险等几个相关概念进行了辨析，指出学术界对审计风险有“意见不当论”和“损失可能性”两种表述。他们认为，“意见不当论”要优于“损失可能性”，因为后者的根本错误在于把审计过程的技术性程序风险当作了会计师事务所自身所面临的商业风险。

Brumfield 等人强调，尽管审计准则没有量化可接受的审计风险水平，但要求会计师事务所将可接受的审计风险设定在一个低水平，否则审计工作就会失去意义，审计报告使用者也不敢相信已审计的财务信息。因此，Brumfield 等人认为，会计师事务所在确定可接受的审计风险水平时，可以把某笔业务给其带来的经营风险作为一个考虑因素，但是无论如何，确定的可接受审计风险水平不能低于审计准则的要求。换言之，会计师事务所不能根据某笔业务给会计师事务所带来的经营风险较低，就无限地提高可接受的审计风险，以减少审计工作量。

笔者认为，从技术角度考虑，风险导向审计中的“风险”只能是“重大错报风险”，不能将其界定为“被审计单位的经营风险”或“审计项目给会计师事务所带来的经营风险”。理由是：其一，后两种理解在理论上是有漏洞的。审计目标是对被审计单位财务报表是否存在重大错报发表审计意见。将风险导向审计中的“风险”界定为“重大错报风险”以外的其他概念，会导致审计方法论与审计目标之间的脱节。其二，后两种理解，在实务上是危险的，将会导致会计师事务所将自身经济利益置于社会公众利益之前，审计将异化为一种与保险类似的“赌博”。

第二节 风险导向审计与审计风险模型

谈到风险导向审计，不能不说到审计风险模型。审计风险模型描述了审计风险与其构成诸要素之间的关系。

一、审计风险构成要素

审计风险受重大错报风险和检查风险的综合影响。重大错报风险分为整个财务报表和各类交易、账户余额、列报认定两个层次。认定层次的重大错报风险又可以进一步细分为固有风险和控制风险。检查风险是指某一认定存在重大错报，但注册会计师未能发现该错报的可能性。

二、审计风险模型

美国审计准则公告第39号、第47号、国际审计准则第200号及加拿大特许会计师协会（CICA）“审计测试范围”研究中均给出了不同版本的审计风险模型。

（一）美国审计准则公告第39号中的审计风险模型

美国注册会计师协会下属的审计准则委员会（ASB）在1981年发布的《审计准则公告第39号——审计抽样》附录中提出了如下审计风险模型：

最终风险（Ultimate Risk）= 控制风险（CR）× 分析程序风险（AR）× 实质性程序风险（TD）

模型没有把固有风险因素纳入。公告指出，固有风险的量化很难，可能需要花费较多的成本。尽管审计经验显示，它可能大大低于100%，但是在模型中它被保守地假定为100%。

（二）美国审计准则公告第47号中的审计风险模型

1983年，ASB发布《审计准则公告第47号——审计风险和重要性》。该公告全面地阐述了审计风险的概念和审计风险构成要素（即固有风险、控制风险和检查风险）之间的相互关系①。该公告对第39号中的审计风险模型进行了改进，重新引入了固有风险：

最终风险（Ultimate Risk）= 固有风险（IR）× 控制风险（CR）× 分析程序风险（AR）× 细节测试风险（TD）

美国审计准则公告第47号中的审计风险模型在几个方面受到了批评。一是模型假设审计风险构成要素之间是相互独立的，因而采用数理统计学中的条件概率原理，运用相乘的模型计算几项独立事件联合发生的概率。Cushing和Loebbechke（1983）怀疑这一假设的合理性，认为固有风险、分析程序风险和细节测试风险可能均取决于内部控制。二是模型针对的是财务报表组成部分（即账户和认定）的风险评估，而这些组成部分的风险评估与财务报表整体的风险之间脱节，模型没有能告诉使用者如何将对组成部分的风险评估进行汇总得出财务报表整体的风险（见Elliott和Jacobson，1987）。

（三）国际审计与鉴证准则理事会的审计风险模型

国际审计与鉴证准则理事会（IAASB）认为，在既定的审计风险水平下，可接受的检查风险水平与认定层次重大错报风险的评估结果呈反向关系。评估的重大错报风险越高，可接受的检查

① 《审计准则公告第47号——审计风险和重要性》将原在审计程序公告第54号附录中的审计风险模型上升为正文，并进行了改进。美国审计准则委员会1983年发布的审计准则公告第45号将原模型中的“最终风险”更名为“审计风险”。

风险越低；评估的重大错报风险越低，可接受的检查风险越高。用数学模型表示这一反向关系如下：

审计风险 = 重大错报风险 × 检查风险

《国际审计准则第200号——审计的目标与一般原则》特别指出：

“需要特别说明的是，由于很多人认为，固有风险和控制风险不可分割地交织在一起，有时无法单独进行评估，审计准则通常不再单独提到固有风险和控制风险，而只是将这两者合并称为‘重大错报风险’。但这并不意味着，注册会计师不可以单独对固有风险和控制风险进行评估。相反，注册会计师既可以对两者进行单独评估，也可以对两者进行合并评估。具体采用的评估方法取决于会计师事务所偏好的审计技术和方法及实务上的考虑。此外，重大错报的评估结果可以用定量的方式表述，如百分比，也可以用定性的方式表述，如‘高’、‘中’、‘低’。在任何情况下，重要的是，注册会计师得出适当的评估结果，而不是所采用的具体方法。”

(四) CICA研究报告中的审计风险模型

加拿大特许会计师协会（CICA）进行了一项审计测试范围的研究。在研究报告中，给出了另一个审计风险模型：

$$UR = (IR \times CR \times AR \times TD) / [(IR \times CR \times AR \times TD) + (1.00 - IR)]$$

在这个模型中，固有风险被视为一项事前概率，最终风险是执行审计测试后的一项事后概率。这个模型背后的推理是，注册会计师对审计风险的最终评估结果总是取决于其对固有风险的初始评估结果。如果注册会计师对固有风险的初始评估结果为“高”，但是客户的内部控制和注册会计师的测试没有发现重大错报，则表明注册会计师对审计风险的最终评估结果仍应当为“高”，因为注册会计师的测试结果没有证实其预期。相反，如果固有风险的事前概率为低，且没有发现错误，则注册会计师的预期得以证实，故对审计风险的最终评估结果应当为“低”。可见，CICA 模型与 AICPA 模型之间的本质区别在于对固有风险的处理。在美国审计准则公告第 39 号中的审计风险模型中，固有风险被评估为“1.00”，则按照 CICA 模型，最终风险总是“1.00”（见 Cushing 和 Loebbechke，1983）。

三、审计风险模型的贡献

审计风险模型的最大贡献在于它抽象地概括了审计证据收集过程，它既能解释风险导向审计，又能解释制度基础审计，还能解释账项基础审计，从而把看似矛盾的审计概念兼收并蓄，并统一在审计风险控制的旗帜下（Turley，1991）。

审计风险模型还为控制审计风险提供了手段。在审计计划阶段和审计结束阶段，注册会计师运用审计风险模型可计划和控制审计风险。在审计计划阶段，运用的模型为：计划的检查风险 = 可接受的审计风险/（固有风险的评估水平 × 控制风险的评估水平）。注册会计师可以借助于该审计风险模型和重要性水平，通过调整检查风险水平，实现审计资源分配向固有风险和控制风险较高的领域倾斜。在审计结束阶段，运用的模型为：实际的审计风险 = 固有风险 × 控制风险 × 检查风险。注册会计师可以借助于该审计风险模型，确定是否已将实际的审计风险降至可接受的低水平。审计风险模型为注册会计师计划和实施有效率和效果的审计奠定了基础，从理论上讲，是一个评价审计证据充分性的工具（见 Alderman 和 Tabor，1989）。

最后，审计风险模型为审计量化提供了技术解决方案。长期以来，用科学的方法量化审计风险一直是会计师事务所面临的一个难题。审计风险模型的提出，为审计量化提供了技术可能性，注册会计师可借助于统计抽样的原理和方法，量化样本规模和审计风险。

第三节 传统风险导向审计与制度基础审计的联系和区别

一、制度基础审计的逻辑

制度基础审计有其逻辑上合理的一面。内部控制是企业防止、发现错误与舞弊的第一道防线。健全有效的内部控制能合理保证企业管理层履行其法定的会计责任，即保持适当的会计记录，编制公允地反映其财务状况、经营成果和现金流量的财务报表。因而，内部控制也与注册会计师履行其审计责任直接相关，内部控制越健全有效，注册会计师实质性测试的工作量越小。相反，控制方面存在弱点则说明财务报表相关认定发生错报的可能性（即重大错报风险水平）增大。换言之，注册会计师根据被审计单位内部控制的情况，确定实质性测试的性质、时间和范围。其逻辑在于：只要过程控制（内部控制制度）到位，注册会计师就可以在某种程度上认为其产生的结果（财务报表）是可信的。

二、制度基础审计发展的简史

在财务报表审计中，注册会计师考虑企业内部控制已有近百年的历史。在美国 1917 年发布的审计标准中，就提到了内部核对（Internal Check）的概念。美国 1939 年发布的《审计程序公告第 1 号——审计程序的拓展》要求注册会计师了解内部控制并在审计报告“范围段”中提及“内部控制”。1941 年修订的美国证券交易委员会（SEC）的规定开始要求注册会计师在计划审计工作时考虑企业的内部控制。规定指出，在确定审计测试范围时，注册会计师应当给予企业内部检查和控制适当考虑。借鉴系统科学①取得的丰硕成果，制度基础审计得以成熟，并于20世纪六七十年代成为主流的审计模式。1966年，加拿大Clarkson Gordon & Co. 会计师事务所的R. M. Skinner和R. J. Anderson出版了《分析审计》一书，书中对使用流程图的方法分析内部控制，为内部控制评价和相关的实质性测试建立更明确的联系进行了详细讲解（Elliott和Jacobson，1987）。该书推动了许多会计师事务所学习和使用制度基础审计技术。1973年，美国堪萨斯州立大学Stettler教授出版了《制度基础独立审计》（System – Based Independent Audits）专著，引起了广泛影响。到了20世纪80年代，风险导向审计取代了制度基础审计，成为主流的审计方法论。

三、风险导向审计与制度基础审计的联系与区别

当然，制度基础审计作为特定历史阶段的产物，也有其局限性。制度基础审计强调内部控制的了解和测试，但是却没有将其上升到重大错报风险识别、评估和应对的高度，因而会导致注册会计师在审计过程中失去方向，或者说导致注册会计师的实际审计工作与审计目标脱节。秦荣生（2003）认为，制度基础审计的致命弱点是，基于内部控制的审计模式没有与审计风险联系起来，没有为有效降低审计风险提供指南和帮助。Turley（1991）得出结论认为：制度基础审计下，注册会计师花费大量的时间和精力进行了大量的流程图描绘、控制评价和测试工作。尽管能为管理建议书提供材料，但就实现财务报表审计的目标而言，很多这些工作没有侧重或没有必要做。许多注册会计师通常进行符合

---

① Elliott等人（1987）指出，制度基础审计学的发展在很大程度上归功于系统分析领域的成果。正如R. J. Anderson曾指出，许多以系统和程序为主题的书中对流程图（general systems of charting）进行了很好的阐述。只要对这些方法和技巧略做调整，便可用于满足审计需要。

性测试，但是实际上不依赖这一测试的结果，而仍然通过实质性测试验证财务报表。这也反映了许多注册会计师的观点：相对实质性测试获取的“硬”证据而言，符合性测试获取的证据是“软”的，证明力较弱。

从识别、评估和应对重大错报风险角度而言，制度基础审计只抓住了问题的一个方面，即控制风险，却忽视了问题的另一个方面，即固有风险。这样的后果是，注册会计师不重视固有风险的评估，而将其保守地假设为100%，导致风险评估结果的失真，进而导致审计资源的配置不合理。秦荣生（2003）认为，影响审计风险的因素要远远超出内部控制系统的作用范围。Adams（1991）指出，制度基础审计虽然提供了一种有用的框架，但不直接针对审计风险问题。审计证据可有许多来源，包括对被审计单位及其环境、历史的了解，对控制系统的评估、分析程序和实质性程序，所有这些都在形成全部审计证据、支持审计意见中发挥作用。制度基础审计缺乏将这些多种来源的证据以可接受的、定量的方式串起来的方法。

审计方法论的演进是前者对后者的扬弃，而非抛弃，是前者对后者的继承与发展，而非否定与割裂。在演进中，制度基础审计思想的合理内核得以继承。在风险导向审计流程中，内部控制的了解和测试仍占据着重要的位置。所不同的是，在风险导向审计下，内部控制了解和测试有了明确的方向，了解和测试内部控制被明确定位在服务识别、评估和应对重大错报风险的目的。对被审计单位而言，内部控制作为应对企业经营风险的主要手段，和企业的风险管理融为一体①。为了正确地识别、评估和应对企

① 内部控制被认为是企业风险管理（ERM）系统的一个重要组成部分，内部控制是企业管理层控制经营风险的四大手法之一。其余三大手法是：通过保险或“业务外包”转移风险；回避风险，如停止引起风险的业务活动；接受风险，如赌博活动。

业财务报表发生重大错报的风险，注册会计师就不能不了解内部控制，并在必要时测试内部控制。正是在这个意义上，风险导向审计是制度基础审计的继承和升华。王光远（1992）指出，没有内部控制制度，也没有审计的风险决策模式；不理解内部控制制度，也无法作出科学的审计风险决策。

风险导向审计在某种意义上挽救了制度基础审计。Turley（1991）总结到，风险模型能够把评价内部控制的结果与从控制系统中可获得的信心及需要进行的其他审计工作紧密地联系起来，从而解决了制度基础审计的一个最严重的问题，即难以说清评价内部控制与需要的实质性测试证据之间的关系。

第四节　传统风险导向审计形成动因分析

一、企业规模的不断扩大和经营复杂程度的日益增加与审计资源有限性的矛盾是风险导向审计产生的根本原因

Mattews（2006）研究了自 19 世纪以来英国审计流程的变化，得出结论认为，企业规模的不断扩大和经营复杂程度的日益增加是审计技术变化的主要原因，具体表现在以下两个方面。

一是企业规模的不断扩大要求在审计过程中使用测试和抽样技术。早期审计是详细审计或 100% 审计。在详细审计或 100% 审计（Detailed or Complete）中，注册会计师以发现侵占企业资产（Defalcations）为目的，核查所有的现金支出，检查所有的加总和过账，将总分类账与试算平衡表相核对，将试算平衡表与财务报表相核对。审计的大部分时间花费在加总和过账上。随着企业规模的不断扩大，详细审计日益不切实际（Elliott 和 Jacobson，1987）。Moyer（1951）认为，早在 19 世纪末，抽样已被用于检

查加总和过账。当时，执业会计师已经认识到，无须实施详细审计，就可以确保账目在重大方面没有问题。这一点可在早期的注册会计师考试题目中得到证实。“当某项审计中，如果没有规定要详细审计或详细审计不可行，需要做什么样的核心检查工作，能确保账目在重大方面没有问题”。答案是：依赖内部控制以减少测试的范围。“对检查向各位客户和供应商明细账的过账而言，如果被审计单位簿记系统较为高级，能够核对过入各明细账的总数，这样，通过检查少许向明细账户的过账即可。可以采用同样方式，在检查购货发票时，对部分数量和单价的乘积进行检查，以测试其准确性”。这里讲的“簿记系统”可被理解为早期的内部控制。事实上，很多研究审计发展史的学者都认为，即使在19世纪80年代，检查公司的所有会计记录已经不可能，对铁路公司、公用事业和金融机构而言，尤其如此。

二是企业规模的扩大要求建立健全内部控制，这为制度基础审计创造了条件。在1935年出版的《财务检查》（Financial Examinations）一书中，作者Thornton在论述检查范围时指出：

“随着现代方法的采用和公司制法律组织形式的出现，企业的所有者和债权人可能广为分布。企业营运规模的扩大，要求簿记程序的扩充和成立专职部门处理。内部核查系统（Systems of Internal Check）随之建立，这样一个员工的工作就由另一个员工核对。同时，公司内部已配有审计人员，由他们对交易的细节进行定期或连续的检查，以确定内部程序得以正确遵循，在可能的情况下，改进程序。这些注册会计师，由于他们对所在企业及员工品行的了解，尤其能够胜任处理细节性工作。对许多大企业而言，由注册会计师仔细检查大量的常规交易分录就没有必要，企业的业务量将使得详细审计的成本高得无法承受。因此，在审计开始时，注册会计师先检查账簿和内部核对系统，以确定企业是否能够在不耗费详细审计的成本的条件下履行其（审计）职责”。

Mattews（2006）认为，英国早期的审计在很大程度上是帮助被审计单位做账式审计（Bookkeeping Audit）。但随着企业规模的扩大，企业有条件配置有资质和能力的会计人员，从而减少了对外部审计的依赖，使审计从做账的工作中解脱出来，成为纯粹的审计（Pure Audit）。在做账式审计过程中，注册会计师自然需要详细审计。但在纯粹审计过程中，注册会计师需要探索测试和抽样技术，解决测试什么和测试多少的问题。审计职业界很快就意识到，这个决策与企业的内部控制好坏有关，于是制度基础审计就应运而生。

通过研究审计抽样发展史，我们可以发现，审计抽样对风险导向审计的最终提出奠定了技术基础。首先，抽样和测试意味着审计风险的存在，使人们逐渐认识到审计风险这个概念。其次，在探索解决测试什么和测试多少的问题中，逐渐提出了控制风险的概念，进而为审计风险模型的提出逐步奠定了基础。

二、审计目标演进为风险导向审计的产生提供了可能

审计目标是审计研究的逻辑起点。审计方法是实现审计目标的手段，有什么样的审计目标，就有什么样的审计方法。当然，审计目标的确定也受制于审计方法，无法通过审计方法实现的审计目标是不现实的（胡春元，2007）。正如谢荣（1994）指出，审计目标主要取决于两个要素：一是社会的需要；二是审计自身的能力或局限性。从审计的历史看，审计目标的演变可分为两个阶段。

（一）查错揭弊阶段（1900 年前）

根据委托代理学说和受托责任学说，所有权与经营权的分离产生了审计的需要。Watts 和 Zimmerman（1983）研究了于公元

1200 年发生在英国庄园的审计，审计是为了满足庄园主监督他们所雇用经理履行合同的情况。审计发生在经理任期结束时，是为了检查有没有未经授权的支出以及其他违反合同的行为。可以说，20 世纪前，审计的主要目的是，检查经营者（受托代理人）是否按照所有者（委托人）的要求保管和使用其资产，经营者在经营过程中有无贪污挪用所有者财产的行为。换言之，审计是为了检查代理人是否诚实可靠地履行了其义务。

（二）验证财务信息的可靠性（1900 年后）

19 世纪结束后，会计和审计进入了一个快速变更的时代。西方文明由农业时代转向工业时代。机器的发明使大规模生产成为主流的生产方式。相应地，企业规模和复杂程度变得日益增大，需要从证券市场上融资，而资金提供者需要依靠融资者提供的财务信息作出经济决策。审计的目的也就从验证受托者履行受托责任的情况转移到验证财务信息的可靠性，验证财务信息是否公允地反映了企业的财务状况和经营成果（Bell 等人，1997）。

然而，很多学者认为 1960 年后，揭露舞弊重新得到重视，审计目标转向验证财务信息的可靠性和公允性与揭露舞弊并重的时代。对这个观点，需作进一步的分析。首先，舞弊分为侵占企业资产和编制虚假财务报表两类。第一类舞弊有时不会影响财务报表的公允表达，特别是舞弊涉及金额较小时。但当舞弊涉及超过财务报表层次重要性水平时，舞弊者通常需要编制虚假财务报表来掩盖侵占资产的行为。第二类舞弊自然会影响财务报表的可靠性和公允性。历史地看，早期审计更注重第一类舞弊。随着会计目标实现了从报告受托责任向提供决策有用信息的演变，审计目标随之转向验证财务信息的可靠性和公允性。因此，发现和报告引起财务报表重大错报的舞弊，自审计目标发生历史性演变以来一直就是审计职业界的天职。但随后审计职业界强调审计的固有局限性，逐渐淡化、回避或抹杀其对发现舞弊的责任。1926年，普华会计师事务所的资深合伙人 Geo. O. May 在美国注册会计师协会演讲时提出了这样的观点：

“审计是一种防范措施（safeguard）。维持这种防范措施是有代价的。只有当它的价值完全与它的成本相称时，才符合成本效益原则。如果要审计达到一个完全的防范，其成本将非常巨大，并大大超过其带来的价值。表面化的审计是危险的，它使人们觉得虚假的安全。在这两个极端之间，有一个均值，在这个点，审计足以为其成本提供足够理由。问题在于，如何确定这个令人高兴的均值，以确保注册会计师的工作不低于合理履行其职责的程度，而投资者和债权人赋予审计的意义不超过其能够实际达到的程度。我们必须认识到的是，有技巧的不诚实，尤其是串谋，可能经常或一段时间内瞒过注册会计师，即使该注册会计师已执行了被认为合理的审计，但这并不能被视为审计制度的缺陷。审计程序是权衡风险和成本因素的结果。事实上，与蓄意不诚实带来的危险相比，投资者和债权人更多地需要审计来保障其免受不稳健的做法和过分的乐观带来的危险。就我所在的会计师事务所而言，也许这也是其他所的体会，与因不当陈述案件相比，蓄意不诚实案件的数量很少。不当陈述可因过分寄希望于未来、不愿意面对令人不愉快的事实、或对事实处理不当等导致。”

但是，到了1960年以后，在经历一系列会计舞弊丑闻之后，审计职业界的这一立场逐渐受到社会公众和监管部门的质疑和挑战。1974年，以 Lee Metcat 和 John Moss 为代表的美国国会议员开始对注册会计师是否能够达到投资大众的期望提出质疑。随后，美国注册会计师协会成立了以前证交会（SEC）主席 Manual Cohen 为主席的“注册会计师责任委员会”（即科恩委员会），其职责主要是确定是否在社会公众的预期和需求与注册会计师能够做到的之间存在着差距（即期望差距）。科恩委员会在1978年公布的正式报告中指出，期望差距确实存在。社会公众认为，注册会计师应当对舞弊行为的揭露以及对被审计单位管理人员的欺诈和违法行为的报告负有更大的责任，注册会计师应当加强审计的有效性，提高对财务报表真伪的察觉能力。此后，又发生了几起著名的公司倒闭案件，有人指责其中存在审计失败，美国会计总署（GAO）也发布了对注册会计师极为不利的报告，到了1985年，国会对审计职业界的批评再次兴起，以 Jack Brooks 和 John Dingell 主持的国会委员会开始研究审计流程的有效性，并侧重于期望差距（ Davidson 和 Anderson ，1987）。迫于这样的压力，美国注册会计师协会与其他几个组织一道发起成立了“舞弊财务报告全国委员会” （即 Treadway 委员会，得名于其主席 James Treadway）。Treadway 委员会于1987年提出了调查报告，报告针对注册会计师提出了如下建议：

“在发现和遏制舞弊财务报告方面，虽然相对于管理层和董事会而言，注册会计师的作用是第二位的，但也非常重要。为了确保和改进审计的有效性，委员会建议修改审计准则和审计程序，提高审计质量。应当修改审计准则，以更好地体现注册会计师对发现舞弊财务报表的责任，提高发现舞弊的能力。准则应当重新表述注册会计师对发现舞弊财务报表的责任，采取积极的步骤评估财务报表舞弊的可能性，设计测试以合理确信能够发现财务报表舞弊。建议采取的积极步骤包括：评估公司整体的控制环境，同时为识别风险和设计测试提供更好的指引。此外，应当要求注册会计师更多地使用分析程序，以识别存在高财务报表舞弊风险的领域。还应当要求注册会计师复核季度财务报告，以提高及时发现财务报表舞弊的可能性。”

在此背景下，为解决期望差距问题，1987年2月，美国审计准则委员会发布了 9 个审计准则的征求意见稿，史称“审计期望差准则”。

20 世纪 90 年代以来，特别是安然、世通公司等财务报表舞弊案件之后，审计职业界对舞弊的责任不再含糊其辞，而是更加旗帜鲜明，认为发现财务报表舞弊是审计目标的固有之意，虚假财务报表自然无法做到可靠和公允反映。如果审计职业界仅将责任限定在判断被审计单位选择的会计政策是否允当上，这将使审计的作用大打折扣。这在 1997 年发布的《审计准则公告第 82 号——在财务报表审计中考虑舞弊》和 2002 年发布的《审计准则公告第 99 号——在财务报表审计中考虑舞弊》中得以充分体现：

“注册会计师的责任是按照审计准则执行审计工作，获取财务报表在整体上不存在重大错报的合理保证，无论该错报是由于舞弊还是错误导致。”

分析审计目标的发展历史，可以得出几点结论。随着社会经济环境的变化，因循会计目标的变化，审计目标也发生了演变，从查错揭弊转向验证财务信息的可靠性和公允性，这是大方向。但是，笼统地把两类不同性质的舞弊混为一谈，容易引进认识上的混乱，从而得出矛盾的结论。对员工侵占资产类舞弊，只要其不影响到财务报表的公允反映，注册会计师没有责任设计审计测试予以发现，因而不再是现代审计的目标，对这一点已没有太多争议。对财务报表欺诈类舞弊，审计职业界的立场经历了一个从被动消极转向积极应对的过程，因而这一审计目标在最近几十年得以回归。今天，审计职业界应当更多考虑的是如何更好地履行这一职责，而不是是否履行这种职责。运用风险导向审计的思路识别、评估和应对因舞弊引起的财务报表重大错报风险是解决审计期望差距的根本出路。

（三）风险管理理论的形成为风险导向审计提供了理论基础，审计职业界审计风险意识的不断增强为风险导向审计提供了土壤

根据刘均（2007）的研究，风险管理理论最早起源于美国。1950年，美国的加拉格尔（Gallagher）在调查报告《费用控制的新时期——风险管理》中首次使用了风险管理一词。1964年，威廉姆斯和汉斯出版了《风险管理与保险》一书，引起了欧美各国的广泛重视。概率论和数理统计的运用，使风险管理从经验走向科学，形成了独立的理论体系，并发展成为一门独立的学科，涵盖风险识别、风险衡量、风险评价和风险控制全过程。20世纪70年代中期以后，风险管理在全球获得广泛的传播。

20世纪60年代中后期以来，受“深口袋”概念[①]的影响，针对会计师事务所的诉讼日益增多。据1973年安达信的年报，针对会计师的未决索赔和诉讼达500起。1993年，当时的“六大”会计师事务所向美国SEC提交了一份报告。报告指出，1992年用于应诉和了结法律诉讼的支出达5.98亿美元，这相当于美国会计和审计业务总收入的11%。

风险管理理论的形成为风险导向审计提供了理论基础（Knechel，2007），审计职业界审计风险意识的不断增强为风险导向审计提供了土壤。

（四）不断降低审计成本和提高效率是审计职业界实施风险导向审计的内在动力

Mattews（2006）认为，20世纪70年代以后，驱动审计技术变更的主要因素不再是客户的规模，而是审计人工成本和审计费

① 深口袋（Deep Pocket Concept），是指人们倾向于起诉有支付能力的对象，而非实际有过错的对象。国内将其称为“冤大头”。

用的竞争压力。

据 Mattews（2006）的研究，从审计人工成本角度看，自1950年起，对会计师事务所而言，人工成本不断增加。就英国而言，在1950年前，在会计师事务所学徒需支付学徒费用500英镑（以购买力计算，在2004年相当于10 650英镑）。这笔费用将在受训的五年期间返还给学徒，这意味着会计师事务所在免费使用劳动力。但是，自1950年起，随着对审计人员资格要求的不断提高，审计人员的入门门槛不断提高，会计师事务所不但不能再收取学徒费，还需要支付金额越来越高的工资。

与此同时，会计师事务所之间的竞争以及公司缩减开支的要求对审计费用构成压力。竞争性投标导致审计费用大幅下降。1962年，美国注册会计师协会通过了规则3.03，禁止竞争性投标。规定如下："会员或准会员不得采用竞争性投标的方式招揽业务。对公共会计服务而言，竞争性投标有违公众利益，是一种拉客的行为，是不专业的行为"。但在1965年，由于担心与美国《反不当竞争法》（也称反托拉斯法）相冲突，美国注册会计师协会决定对违反这一规定的会员暂不予以处罚。1972年，美国注册会计师协会从职业道德守则中删除了竞争性投标的禁令。1975年，美国最高法院明确指出，国会的立法意图中并没有将专家型行业（Learned Professions）排除在《反不当竞争法》管辖范围之外。

20世纪80年代，世界经济陷入衰退，要求公司缩减开支。审计服务越来越被视为一种商品，既然审计后都是标准化的审计报告，因此应花费最小代价购买。

面临这样的经济压力，会计师事务所需要重新思考如何经济有效地完成审计。程序导向审计不顾审计风险的不同水平，而用标准的审计程序表，会导致对低风险领域审计过度而对高风险的审计领域审计不足。相比而言，风险导向审计强调测试的针对性，提高了审计效率，因而自然就是解决审计成本问题的选择。

第三章　经营风险导向审计相关理论研究

20 世纪 90 年代中后期以来，以国际“五大”会计师事务所为代表的大型会计师事务所对审计方法论进行了创新，提出了经营风险导向审计（Business Risk Auditing）①，如安永的全球审计方法（Global Audit Methodology）、德勤的审计系统第二代（AS/2）、毕马威的 BMP（Business Measurement Process）审计模式、安达信的经营审计（Business Audit）和普华永道的 PWC 审计方法（PWC's Methodology）。1997 年，毕马威出版了《透过战略系统棱镜审计》一书，对经营风险导向审计的理念进行了阐述。1999 年，为研究审计方法论的创新，一些审计准则制定机构和来自英国和加拿大的学者成立了一个研究小组，并出版了《大型会计师事务所审计方法论的发展》。2001 年，Knechel 教授出版了被誉为第一本体现经营风险导向审计理念的审计学教材。本部分主要基于这些文献进行讨论。

---

① 安达信会计师事务所在 1991 年左右开发、在 1997 年实施了“经营审计（Business Audits）”；安永在 1994 年实施“审计创新计划（Audit Innovation Project）”；KPMG 自 1996 年开始实施“经营计量流程”（Business Measurement Process）。

第一节　经营风险导向审计的含义

强调经营风险与审计的联系是经营风险导向审计的本质特征。企业总是为了一定的目标而存在，经营风险是影响企业目标实现的各种内外部因素。许多经营风险最终都会有财务后果，因而影响到财务报表，进而对审计产生影响。Knechel（2001）指出，审计风险与客户的经营风险无法分开地交织在一起，威胁一个组织的风险同时也是影响审计的风险。正是在这个意义上，经营风险审计方法得名。

第二节　经营风险导向审计的流程[①]

在经营风险导向审计下，注册会计师首先了解企业的战略和面临的战略风险（Strategic Risk Analysis），然后分析业务流程风险（Process Risk Analysis），在考虑企业管理层的内部控制等风险应对或控制措施的抵消作用后，再确定剩余风险（Residual Risk Analysis）并考虑其对审计风险和审计其他方面的影响，最后采取风险应对程序，将审计风险降低至可接受的低水平。经营风险导向审计下审计流程见图 3－1、图 3－2。

一、战略风险分析

战略风险分析旨在使注册会计师深度了解被审计单位所处环境的方方面面。在战略风险分析中，注册会计师重点了解被审计

① 这一部分主要基于 Knechel（2001）的描述。

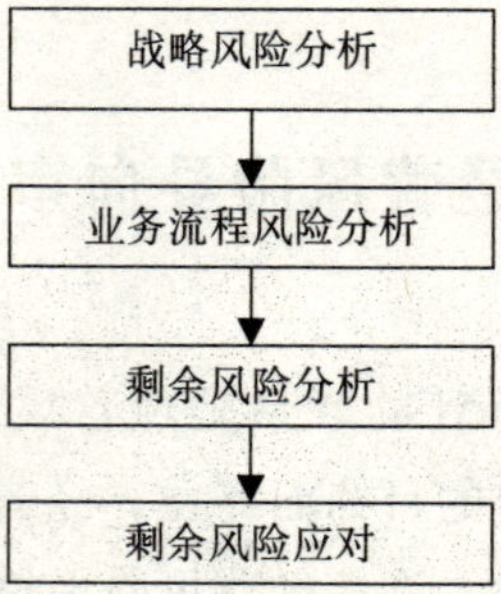

图 3－1　经营风险审计模式下审计流程

资料来源：Knechel（2001）

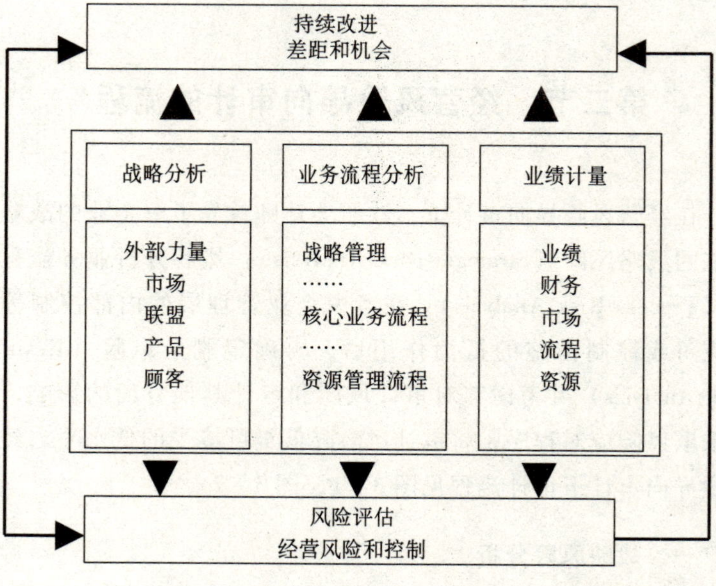

图 3－2　毕马威的经营计量流程

（Business Measurement Process）

资料来源：Bell（1997）

单位的战略定位，包括被审计单位所面临的外部环境和行业形势、实现可持续竞争优势的战略、威胁到战略实现的经营风险及采取的应对措施。

二、业务流程风险分析

业务流程按其功能一般可分为核心业务流程、资源管理业务流程和战略管理流程。核心业务流程用以研发、生产、销售企业的产品或服务；资源管理流程用以获取、加工和向核心业务流程配送资源；战略管理流程用以确定企业的宗旨、经营目标，识别经营风险，制定风险管理程序，监督经营目标实现程度等。

在业务流程分析时，注册会计师识别重大的流程风险，并了解被审计单位如何控制这些风险。注册会计师要运用财务指标和非财务指标对流程的表现进行衡量，对其进行横向或纵向比较。最后，注册会计师需要分析业务流程的风险及控制情况对财务报表和审计的影响。经营风险导向审计采用的流程分析模板见图 3－3。

流程的目标：列出该业务流程在实现企业总体经营目标方面所起的关键作用。
输入：列出为完成该业务流程的活动所需要的资源，包括生产要素和信息等。
活动：列出该业务流程所包括的活动和子流程，这些业务活动和子流程一起生成该业务流程的产出。
产出：列出流程的最终成果，包括产品、信息以及生产出的资源。
系统：列出支持业务流程目标实现的信息系统，包括内部决策管理信息系统和对第三方报告的信息系统。
交易类型：列出流程所涉及的交易。交易可被分为常规交易、非常规交易和会计估计。如果需要实施更多的审计工作，请在此说明流程和审计程序的联系。
列出威胁目标实现的风险：…… **列出与风险相关的控制**：……
流程表现较差的指征：……

图 3－3　经营风险导向审计采用的流程分析模板

资料来源：Knechel（2001）

三、剩余风险分析

并非所有的风险都会直接导致问题，一方面因为有些风险得到有效的控制和化解，另一方面因为有些风险在目前的情况下并不能对被审计单位造成损失。剩余风险是指没有得到控制的或者能直接导致问题的战略风险或业务流程风险。

注册会计师主要关心的是剩余风险。这些风险代表了被审计单位最可能发生问题的根源，也是注册会计师执行审计工作时最应关注的地方。如果被审计单位管理有效、风险控制得当，就不太可能出现问题，也不会引起财务报告舞弊、破产等问题。反之，如果被审计单位有许多剩余风险，则更可能出现审计问题，因此实现将审计风险降低至可接受的低水平需要更多的努力（Lemon 等人，2001）。

第三节　经营风险导向审计与传统风险导向审计的比较

一、体现的审计思维

传统的风险导向审计是一种“自下而上”（Bottom - up Approach）的思路（Boynton 等人，2001）。注册会计师更多地从财务报表出发，按照账户或交易循环分解审计工作，包括了解和测试相关内部控制及进行实质性测试，然后再汇总审计结论，最后对财务报表整体发表审计意见。这种思路更多地体现了简化论（Reductionism）的思维，即为了认识一个复杂的事物，我们将其分解简化为一个个的组成部分，在研究了各个组成部分后，再综合形成对复杂事物的总体结论。

相比较而言，经营风险导向审计的审计思路是“自上而下”（Top - down Approach），即首先对企业及其面临的风险进行广泛深入的了解，然后考虑企业针对风险实施的内部控制，最终才落脚到对财务报表和审计的影响。这种思路更多地体现了系统论[①]的思想。注册会计师在进行风险评估时，要用系统论的角度看待审计，要跳出财务报表的圈子，要掌握财务报表背后的故事。因此，注册会计师了解被审计单位情况的广度更广、深度更深，宏观经济形势、监管环境、所在行业状况，企业的目标、战略、经营风险及控制，企业生产业务流程等都可能被纳入审计视野。

关于这一点区别，Bell 等人（1997）指出，传统的审计风险模型更多地从交易本身及其会计处理系统的狭窄视角评估审计风险，今天的注册会计师应当用战略系统论的视角（Strategic - systems Lens）评估客户的经营风险和审计风险（见图 3 - 4）。

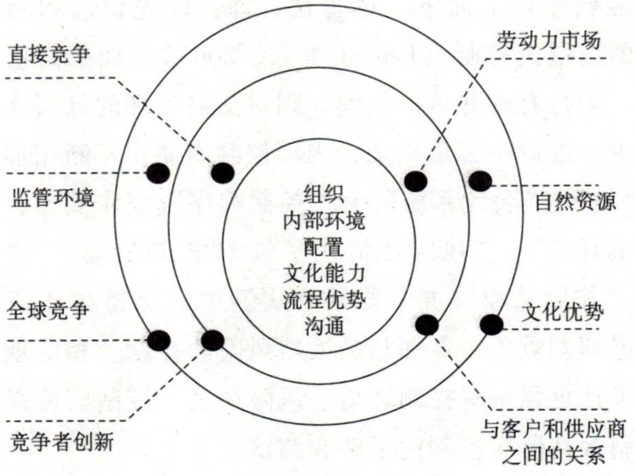

图 3 - 4　从系统论的视角考察企业的经营风险

资料来源：Bell（1997）

① 系统论注重从整体与部分之间，整体与外部环境之间相互联系、相互作用、相互制约中全面地、综合地考察对象。

二、理论基础

经营风险导向审计要求从管理者管理企业的角度进行审计，借鉴了企业管理的很多理论和概念，包括战略分析、风险评估、业务流程分析、业绩计量和考核、持续改进、价值链管理、核心竞争力和全面质量管理等。

三、了解和测试内部控制

在经营风险导向审计下，内部控制被认为是企业风险管理（ERM）系统的一个重要组成部分，内部控制是企业管理层控制经营风险的四大手法之一。经营风险导向审计核心词汇中的“剩余风险”就是考虑内部控制影响后的风险。因此，对内部控制的了解和测试变得更重要。其次，在测试内部控制时，经营风险导向审计强调“自上而下”的方法，即：优先识别和测试应对经营风险的高层次控制（Lemon 等人，2001）。如果高层次控制设计合理、运行有效并可以依赖，则对交易处理的低层次控制测试可以减少。最近一二十年来，内部控制内涵在不断拓展，从包括“控制环境”、“会计系统”和“控制程序”三个要素，发展到包括“控制环境”、“风险评估程序”、“控制活动”、“信息与沟通”和“控制监控”五个要素，从侧重于交易和环节风险的控制，发展到侧重于企业面临的战略风险的控制。相应地，经营风险导向审计更强调对控制环境、风险评估、控制监控以及战略风险的控制等高层次控制的了解和测试。

四、审计证据

在经营风险导向审计下，注册会计师收集的证据有较大变化：一是更侧重分析企业的内外部环境，特别是经营风险的控制，在分析时要运用大量无法定量的信息和与管理层访谈所获取的主观信息（Lemon 等人，2001）；二是在风险评估时更加注重利用分析程序，分析程序更为高级、复杂，且所使用的数据范围更广，包括被审计单位内部考核业绩的指标、行业内可比信息等（Lemon 等人，2001）；三是对交易和余额的细节测试相应减少。相应地，注册会计师收集的很多是"软"审计证据。

五、产出

经营风险导向审计强调从企业管理的角度，全面深入地了解企业面临的各种经营风险及其管理情况，注册会计师在提供审计意见的同时，还能提供有价值的管理建议，帮助企业识别风险管理中存在的不足、避免出现威胁到目标实现的问题以及改进公司治理，这有利于提高审计的附加值。毕马威美国成员所前管理合伙人 Frank Marrs 宣称："风险导向审计能做的不仅是验证财务报表，它还能够帮助企业管理层评估企业现在的状况、未来的发展目标以及实现方式"。

在经营风险导向审计下，审计不单纯是一种事后检查财务报表是否含有重大错报的作业，而是一种能够影响企业运作和控制、进而避免财务报表出现重大错报的作业。

在传统风险导向审计模式下，虽然注册会计师也提供管理建议书，但由于在审计过程中，注册会计师主要关注会计和财务方面，因而对改善经营管理的价值有限。

六、审计项目组知识结构

实施经营风险导向审计对审计项目组成员的知识结构和能力提出了更高的要求。首先，审计项目组成员仅仅掌握会计和审计方面的知识是远远不够的，还须掌握系统论、管理学、市场学、风险管理与控制等相关知识。其次，审计人员需要培养职业判断能力，要学会更聪明地审计，要用知识来审计，而不是依靠“数豆者”的耐心和简单脑力劳动来审计。再次，注册会计师需要掌握新的证据收集技巧，包括如何测试高层次的内部控制、如何运用复杂的分析程序等等。最后，审计人员需要加强沟通技巧。在经营风险导向审计下，审计人员在审计过程中需要通过大量访谈获取审计证据。为判断所获取证据的价值，注册会计师需要判断访谈对象的能力和诚信度，但许多注册会计师在这方面并不擅长（Curtis 和 Turley，2007）。

在传统风险导向审计模式下，审计主要关注会计信息系统，因此审计项目组成员只要具备会计审计方面的专业知识即可。

第四节　经营风险导向审计对传统风险导向审计的继承和创新

一、经营风险导向审计继承了传统风险导向审计的思想

传统风险导向审计是风险管理理论和实务在审计中的运用。经营风险导向审计坚持了风险管理思想，在审计过程中，以风险的识别、评估和应对作为工作的主线。同时，它继承了把审计资源的分配向容易发生错报的领域倾斜的理念。

经营风险审计也没有否定传统的审计风险模型。根据 Lemon 等人（2000）的研究，在运用经营风险导向审计的会计师事务所中，有些事务所仍然在运用固有风险和控制风险的概念，不过是在评估固有风险时特别考虑经营风险。有些事务所虽然不再提及固有风险和控制风险的概念，但是这些概念内含于“剩余风险”的概念中。

倡导经营风险导向审计的 Bell 等人（1997）也承认，经营

风险导向审计仍然采用审计风险模型，仍然在风险评估的基础上配置审计资源，仍然执行以前熟悉的审计程序，其最终目标仍然是根据所收集的证据对财务报表发表意见。

秦荣生（2006）也指出，经营风险导向审计并不是一种新的风险导向审计方法，它只是对20世纪80年代风险导向审计方法的改进。

二、经营风险导向审计是新形势下对传统风险导向审计的深化

说经营风险导向审计继承了传统风险导向审计的思想，并不是说经营风险导向审计是新瓶装老酒。应该说经营风险导向审计有很多创新之处，特别是它适应了形势变化的要求，改良了评估财务报表重大错报风险的方法，使得注册会计师的风险评估结果更为全面、准确。

首先，经营风险导向审计运用了系统论的观点，注重将交易置身于其产生的复杂环境中去考察，有利于把握交易的实质，从而有利于控制非抽样风险。对以前的审计失败的分析显示，非抽样风险控制不当是审计失败的主要原因之一（Bell等人，2002）。例如，根据Erickson等人（2000）的研究，在林肯储蓄与贷款银行审计失败案例中，虽然注册会计师检查了管理层用来杜撰利润的房地产销售交易，但注册会计师在机械地对照了会计准则的规定后，对交易的真实性予以确认。其实，只要注册会计师充分了解当时银行经营的内外部环境、房地产市场的状况，就会正确评估交易所蕴含的风险。因此，Peecher等人认为，经营风险导向审计提供了一个框架，该框架有助于注册会计师在整个审计过程中对重大错报风险进行评估，从而更有效地控制非抽样风险。Bell（1997）指出，在审计过程中，交易会计处理的正确与否、对非常规交易和会计估计进行会计处理时所基于的

假设是否适当、资产计价的正确与否等事项都需要注册会计师运用职业判断。但是只有全面了解被审计单位情况，包括其创造价值的方式及竞争优势的可持续性，才能作出正确的职业判断。

其次，经营风险导向审计有助于注册会计师更好地评估持续经营假设的合理性和舞弊风险。研究表明，管理层舞弊的风险和被审计单位持续经营能力出现问题的风险是引起会计师事务所卷入诉讼风险的主要因素。由于经营风险导向审计全面分析了企业的经营风险及其控制情况，从而更有利于注册会计师对持续经营能力作出正确判断。根据舞弊三角理论，舞弊的发生要同时具备三个条件：一是动机和压力；二是机会；三是借口。如果企业经营风险管理和控制良好，管理层不太可能有财务报表舞弊的动机和压力，因此经营风险导向审计有助于注册会计师正确评估舞弊风险。

再者，经营风险导向审计适应了会计本身的发展变化。20世纪90年代中后期，会计本身也发生了深远的变化，企业资产无形化的趋势加大，资产负债表中的估计和判断成分越来越重要，一笔“准备”对利润产生的影响可能要超过千万笔常规交易（Bell等人，1997），比如，合并后的美国在线与时代华纳分别在2002年第一季度和第四季度计提商誉减值准备近600亿美元。这些变化要求审计方法进行创新，审计的视野越来越不能局限于财务报表和会计信息系统。相反地，要审计减值准备等，注册会计师必须充分了解被审计单位情况，包括宏观经济形势、市场状况、技术发展等诸多内外部因素。

最后，经营风险导向审计适应了信息技术的发展。Kinney（1997）在《透过战略系统棱镜审计组织》一书的前言中指出：随着信息技术的变化，对例行（常规）交易进行处理的信息系统的固有可靠性大大提高了，对交易的控制日益被嵌入软件，因此，如果企业有一个可行的战略、合理的计划、有效的内部控制，并且账户余额接近于注册会计师的预期，那么只有例外项目才需要详细测试。Knechel（2001）也指出：如果被审计单位应用了适当的信息技术并存在很好的内部控制，大量的、常规交易的处理会比较准确。鉴于此，注册会计师可把审计努力重新指向非常规的、不寻常的、主观性强的风险领域。这个视角导致对交易和账户的细节测试减少了。

第五节　关于经营风险导向审计的争议

一、经营风险导向审计是否真正以提高审计质量为出发点

经营风险导向审计强调“增值服务”和“从管理层的视角进行审计”，引起了一些学者对引进这一方法论的原发动机的怀疑。

Robson 等人（2007）认为，引进经营风险导向审计是为了提高审计人员本身的地位。19 世纪 80 年代以来，审计人员地位有不断下降的趋势。在英美等发达资本主义国家会计师事务所内部，由于管理咨询业务收入一直保持高增长率，审计业务收入由于受到收费和成本的双重压力，处于饱和或停滞增长状态，审计人员与管理咨询人员的地位发生换位。美国八大（五大）会计师事务所业务收入结构变化表见表 3 - 1。在客户眼中，审计日益沦为标准化生产的“商品”（程式化的审计报告），其购置成本应当被控制在最低水平。引进经营风险导向审计可以提高审计的“技术含量”，提高审计附加值，从而提高审计人员的地位。

表 3-1　美国八大（五大）会计师事务所业务收入结构变化表

（1975—1999 年）

收入结构	1975 年（%）	1990 年（%）	1999 年（%）
审计	71	49	30
咨询	12	26	49
税务	17	25	21

资料来源：Suddaby 等人（2004）。

Jeeppsen（1998）认为，引进经营风险导向审计为会计师事务所兜售管理咨询服务提供了借口和便利。Power（2003）也认为，引进经营风险导向审计更多的是为了增加会计师事务所的收入，而不是控制审计成本。英国 FTSE 前 100 家公司支付的审计费用与非审计费用比较见表 3-2。

表 3-2　英国 FTSE 前 100 家公司支付的审计费用与非审计费用比较表

（1992—2001 年）

年份	审计费用	非审计费用	合计
1992	81	19	100%
1993	63	37	100%
1994	62	38	100%
1995	62	38	100%
1996	51	49	100%
1997	44	56	100%
1998	39	61	100%
1999	30	70	100%
2000	26	74	100%
2001	21	79	100%

资源来源：Fisher（2004）。

二、经营风险导向审计是否能够真正保证审计效果

早在安然事件之前，经营风险导向审计流程的严密性及其效果就遭到质疑，被认为是会计师事务所“偷工减料”的借口。1998年，时任美国证券与交易委员会首席会计师的Lynn E. Tunner在给当时的会计行业公众监督委员会（POB）主席的一封信中评论到：

“最近，审计流程的变化和闹得沸沸扬扬的财务舞弊案件相伴而行，使人们对审计流程的有效性产生疑问。例如，许多注册会计师改变了审计流程，转向使用一个风险评估模型，该模型对分析程序的依赖性增强，但对诸如函证应收款项，对交易、账户余额的细节进行检查等实质性审计程序的使用减少了。在这种审计流程重塑的同时，媒体却报告了几起未被注册会计师发现的重大财务报表舞弊。…… 我们担心的重点是，今天的审计模型，其强调风险评估和分析，而非大量的事实检查和数字验证，是否能够继续让投资者放心，审计已采取适当措施以确保财务信息的可靠性。”

1999年10月7日，Lynn E. Tunner再次公开发表如下评论，表示对审计流程的担扰：

“最近发生的一些事使美国证券与交易委员会和世界其他证券监管机构对审计和审计流程的有效性产生疑问，特别是对于风险导向审计的优缺点。怎样实施风险导向审计才能继续让投资者放心财务报表不存在重大错报？尤其是，在运用风险导向审计模型中，需要运用职业判断，注册会计师是否实施了足够的审计程序，以提供充分、适当的审计证据。虽然一些注册会计师声称，审计流程的变化是为了适应财务会计中信息技术运用日益增多的形势，其他市场参与者却相信注册会计师行业正在抛弃一些过去的审计技术，而正是这

些技术才使得财务报表审计能够成为提高向投资者所提供信息的可靠性的工具。要理解今天审计存在的问题，你只要看看 COSO 1999 年 3 月公布的财务报告舞弊研究报告即可。该报告分析了 1987—1997 年发生的舞弊案件，其中一个令人吃惊的事实是，80% 多的舞弊案件是由公司最高管理层参与实施的。请记住，正是这些最高管理层负责公司控制环境的适当性。具有讽刺意味的是，今天的审计流程却从内部控制中获取很大程度的审计信心。然而，负责内部控制有效性的人员正是从事舞弊的人员。”

安然事件之后，有人认为是经营风险导向审计导致了审计失败。2003 年 9 月，PCAOB 委员 Daniel Goelzer 在一次演讲中称，经营风险导向审计看起来是助长人们对审计的信心丧失的一个关键因素。

三、经营风险导向审计的技术缺陷是否能够真正解决

经营风险导向审计最大的技术缺陷在于证据链断裂问题。虽然经营风险与审计风险有内在联系，但是将所掌握的有关经营风险的情况转化为能够支持审计意见的直接审计证据是注册会计师面临的最困难的挑战（Bell & Solomon, 2002；Bell, Solomon, & Peecher, 2005）。在将经营风险与认定层次的固有风险联系起来的过程中，通常比较含糊和主观，这导致逻辑链条的断裂（Ballou & Knechel, 2002）。秦荣生（2006）认为，经营风险导向审计理论和方法体系严重脱节，其理论强调重点关注经营风险，而从审计技术方法上却过于关注重大错报风险。

Curtis 和 Turley（2007）通过案例研究发现，将与风险及控制有关的证据与财务报表金额联系起来存在问题。虽然人们普遍认为审计风险与经营风险存在固有联系，但是在执业人员收集到证据认为针对经营风险存在控制并据以推断财务报表的真实性时

仍感到很不放心。他们认为，当将审计的重心由财务报表转向经营风险时，这个问题更加严重。在传统风险导向审计下，注册会计师围绕财务报表项目进行风险分析，这样注册会计师考虑的项目毕竟有限。但在经营风险导向审计下，注册会计师围绕经营风险开展审计工作，可能导致其迷失于经营风险的汪洋大海中，无法判断在众多的经营风险中，哪些应当纳入考虑的视野。

四、经营风险导向审计的技术是否能够真正贯彻实施

（一）审计人员心理不适应问题

经营风险导向审计，旨在通过经营风险的分析、高层次内部控制的了解和测试、高精度分析程序等的运用，减少对交易和余额的细节测试，提高审计效率。然而，Curtis 和 Turley 发现，审计人员对交易和余额的测试根本没有减少，甚至出现按新老方法进行双重审计的现象。其原因是，审计人员对“什么是一个合格的审计”有约定俗成的判断标准，他们要考虑日后审计工作被内部或外部检查或受到质疑时能够证明审计达到了标准。由于经营风险导向审计存在证据链断裂的缺陷，且收集到的审计证据很多是“软”证据，再加上这种方法尚未得到历史检验，这些因素使审计人员在运用经营风险导向审计时心理很不适应，担心按新方法实施的审计达不到原有的标准，将来无法替自身辩护。

（二）审计人员知识和能力结构不适应问题

前已述及，经营风险导向审计对注册会计师的知识和能力结构提出了新的要求。在实施的过程中，可能存在注册会计师不会做审计的现象。

（三）客户理解和配合问题

在一些单位，通常指定财务总监或会计主管和注册会计师打

交道，由他们负责管理流向注册会计师的信息，包括提供凭证和记录。虽然注册会计师也要与客户的人员进行访谈，但他们可能都在某种程度上与财务报表流程相关。而在经营风险导向审计下，注册会计师可能会访谈生产、研究与开发、人力资源等其他部门的人员，还可能要求提供财务报告流程以外的，或者是不受财务总监或会计主管直接控制的信息。这可能让客户感到很不习惯（Bell，2007）。

第六节　经营风险导向审计引发的思考

安然、世通等一系列公司财务报告舞弊丑闻曝光后，国际会计公司对经营风险导向审计进行了反思，在很大程度上退回到原来的审计方法论。虽然经营风险审计已经夭折，但是它却给审计实务界、理论界、监管机构和审计准则制定机构带来深刻的思考。

一、关于审计的定位

在推行经营风险审计的过程中，审计的定位发生了异化。审计被理解为企业的外部资源，应当能为企业的管理和风险控制作出贡献。为提高审计的价值，注册会计师把主要精力放在企业战略和业务流程分析和诊断上，而忘记了对财务报表发表独立意见的本职工作。一系列公司财务报告舞弊丑闻使人们再次发现审计的原本价值。审计最大的价值是降低所审计信息的重大错报风险。如果忽视这一点，企业管理层就会和注册会计师的职责分工发生模糊，形成一种共生关系，并最终损害注册会计师的独立性。

二、关于传统审计的局限性

经营风险导向审计挑战了新形势下传统审计方法的局限性。它倡导用系统、联系的观点进行审计、突出经营风险与审计风险的联系、注重非抽样风险的控制、尝试新的证据渠道等，这些是对20世纪90年代中后期审计环境发生巨大变化的反应，是审计理论和实务的创新，是很难予以否定的。相比之下，传统审计方法注重交易和余额的控制测试和实质性测试，容易忽视交易和余额背后的故事，使注册会计师在职业判断时出现严重偏颇。

因此，未来的审计应当是结合这两者的优点，做到虚实结合，才能保证审计效果。

三、关于审计证据组合

在经营风险导向审计下，支持审计意见的证据组合的权重发生了改变。注册会计师侧重从会计系统以外获取审计证据，包括非财务关键业绩指标、企业经营基本面的分析等等。这些证据被认为客观性较强，不太可能被管理层操控，因此对发现舞弊较为有效。但是问题在于，这些证据与财务报表认定之间的联系较为间接，在评价时主观性较强，因此在实务操作时存在技术上和心理上的障碍。对经营风险导向审计的致命缺陷，Knechel（2007）指出，审计职业界需要一个能够将经营风险和审计风险更好地联系起来的新审计风险模型。风险、控制、业绩计量、财务报表认定和实质性测试仍然是唐吉柯德式的。为阐明经营风险和审计风险之间的联系，审计职业界需要评价内部控制和从业绩计量中提取审计证据的更好技术。

第四章　风险导向审计思想对审计准则制定的影响研究

审计准则是审计实务的升华，并反过来指导审计实务。在财务报表审计实务中，朴素的风险导向审计意识的萌芽可以追溯到100多年前（Bell 等人，2002）。美国制定审计准则的历史最为久远和完整，如果从1917年发布的、具有审计标准性质的《资产负债表审计备忘录》算起，已有近百年的历史。本章首先通过对美国审计准则发展演进史的案例研究，对风险导向审计思想影响审计准则制定的历史进行梳理。接着，对风险导向审计思想对我国审计准则制定的影响进行历史回顾，为后面章节的讨论奠定基础。

第一节　风险导向审计思想对美国审计准则制定的影响

一、萌芽阶段

该阶段始于20世纪初，止于20世纪30年代末。其特征是，审计准则制定以审计程序为中心，但“风险”的概念开始萌芽。

美国制定审计准则的历史可追溯到1917年。当时，美国公司主要通过贴现商业票据等方式向银行融资，而资产负债表是银行判断借款申请人财务状况和清偿能力的重要参考资料。同时，美国联邦储备委员会在向商业银行提供票据再贴现融资时，也希望掌握票据发行公司财务信息。此外，为维护市场的公平，打击垄断、低价倾销等不正当竞争手法，美国联邦贸易委员会在履行监管职责时也需要公司的实际成本等会计信息，因此积极推动提高会计信息之间的可比性。联邦贸易委员会甚至认为，由于企业不知道产品的真正成本，导致产品定价过低，企业之间进行着放血式的、毁灭性的竞争（Elliott 和 Jacobson，1987）。与此同时，在公司之间的兼并和重组浪潮中，各利害关系人也需要掌握会计信息。在此背景下，以验证会计信息可靠性为目的的资产负债表审计应运而生，取代了以查错揭弊为目的的详细审计，并催生了审计准则。

1917 年，应联邦贸易委员会的要求，美国会计师协会（美国注册会计师协会的前身）编制了《资产负债表审计备忘录》。联邦贸易委员会随后予以批准并转交联邦储备委员会考虑。后者给予了临时性的支持，并在 1917 年 4 月的联储公告上刊登。1918 年，《资产负债表审计备忘录》以小册子的形式出版，并更名为《经批准的资产负债表编制方法》。这份文件可谓为美国最早的审计标准。

《经批准的资产负债表编制方法》针对资产负债表科目罗列了审计程序。例如，针对应收账款，《经批准的资产负债表编制方法》有如下规定：

应收账款

应当请负责应收账款分类账的簿记员列出在会计期间结束时应收账款余额清单，并且根据账龄分类列示。例如，尚未到期的、到期后 30 天内的、到期后超过 30 天的。在和信贷部着手处理到期账款这件事之前，会计期间结束后的已付账款应该在清单中予以注明，因为已支付这一事实是在审计日账户没有成为坏账的最好证明。

如果设有单独的分类账，应收账款清单总额应该与总分类账中的控制账户相一致。当客户账户出现贷方余额时，贷方余额应该在资产负债表中作为单独一项反映，而不应从借方余额中直接减除。并且应付账款分类账的借方余额应该采用同样的方式来处理。

应收账款清单应该加总，并与分类账中的客户账户详细比较。

对应收账款余额的组成应当进行检查，因为经常发生这样的事情：虽然客户可能定期支付款项，但有些欠款发生争议已有相当长时期，一直没有支付。应当和信贷部或其他责任人商讨这些逾期的款项或账户，并检查被审计单位与欠款单位之间的信函，这样注册会计师能够判断被审计单位坏账计提的准备金是否足够，对债权的真实价值形成意见。

对公司同意的交易折扣（也就是所谓的现金折扣，如果大于1%）和运费，注册会计师应该进行检查。如果他们已经包含在应收账款总额内，那么应该在资产负债表中计提准备金。同时，对欠款单位要求价格折让、对有缺陷产品的回扣和折让，注册会计师应当进行检查，以确定公司已经计提了足够的准备金。

注册会计师还要询问是否有应收账款被抵押或出售，该类款项的合计应当在资产负债表“20b”项下列示。

注册会计师应该确保冲销的坏账已经适当授权。

应收经理、官员和雇员的账款必须在资产负债表中单独列示，并且从贸易往来应收账款中剔除。这同样适用于用作定金、保证和其他与销售无关的非正常项目的款项。

应收附属公司的款项不能在客户的账户中反映，即使是由于该账款是交易所产生的。如果情况允许的话，应收附属公司的款项应当在“流动资产”或“其他资产”下作为一个单独的项目列示。如果欠款公司的速动资产大大超过负债的话，可以将该应收款作为流动资产列示。

选择性的程序。对未结清余额最好的验证方式是函证。因此，如果时间允许并且客户不反对的话，建议对客户进行函证。注册会计师应该在与应收账款列表比较之后，亲自看着询证函被邮寄。并且函证回函应该直接寄给注册会计师。

在大的企业，会计系统通常较好，几乎不可能存在应收账款已支付但应收账款分类账却没有贷记的情况。但是，在小的企业，系统可能不完美，这种情况很可能发生。因此，通常认为，错误和遗漏风险（Risk of Errors and Omissions）与簿记工作的好坏成比例。

值得注意的是，在各个科目的审计程序列示完毕后，《经批准的资产负债表编制方法》还在最后的“一般性说明”中指出：

“本指导手册的内容针对的是中小型企业的审计。在大型企业，可能有成千上万笔的应收账款或票据，这里建议的详细检查程度是不切实际的，内部核对[①]（Internal Check）也不必要。在有些情形下，只能进行抽查测试，但是注册会计师应当能够证明，虽然他偏离了完整的程序，但他所做的工作已经能够实现这些程序背后的目的。”

可见，美国最早的审计标准是以审计程序为导向的，虽然提及了“内部控制”和“风险”的概念，但是并没有提

① 据该手册的主要起草者 Thornton 解释，“Internal Check”是指，对员工的职责和工作进行合理分工，以达到这样的效果，即一位员工的错误或疏忽将导致账目出现问题，进而引起另一位员工的注意，除非错误得以纠正，否则账目将不能保持正常。可见，“Internal Check”更多是指“内部牵制”。

供进一步的说明和操作指引。

1929年，美国注册会计师协会对《经批准的资产负债表编制方法》进行了修订，并将其更名为《验证财务报表》(Verification of Financial Statements)。《验证财务报表》中强调了依赖内部控制的重要性。其“使用说明”中的第一段指出：

> “验证的范围取决于每个企业的具体情况。在某些情况下，注册会计师认为有必要验证账簿中记录的较大部分或全部交易。在其他情况下，如果内部检查系统是好的，抽样测试可能就足够了。”

1934年，美国注册会计师协会对《验证财务报表》进行了再次修订，更名为《检查财务报表》（Examination of Financial Statements by Independent Public Accountants)。有两点值得特别指出：

一是内部控制对审计工作的影响，《检查财务报表》指出：

> “在确定检查的性质和程度时，注册会计师必须要考虑如下因素：……（d）内部核对和控制。在制订审计计划时，注册会计师要考虑的一个重要因素是被审计单位的内部核对和控制”。一个公司的会计和内部控制系统越多，所需详细检查的程度就越低。……”。

《检查财务报表》还指出为什么注册会计师需要依赖内部控制：

> “对大公司的现金交易的详细审查和核对由公司内部员工执行更为经济。如果有此类的检查，注册会计师将相应调整其审计计划。如果内部核对和控制非常有限，注册会计师将要进行的检查从性质上讲更为全面。但是，除非公司太小以至于适度的内部核对不可行，注册会计师的检查不应被视为能够代替公司内部核对和控制方面的措施。除非在小企

业，详细审计的成本将高得无法承受。问题在于，如何才能制定出一套通用的检查方案，它既能够充当适当的防范措施，又能够把成本控制在一个合理的社会所能够承受的范围之内。在大多数情况下，详细检查没有道理，注册会计师依赖抽查记录，当然抽查可体现为多种形式。检查的程度及抽查的范围本质上属于注册会计师的职业判断范畴，必须由注册会计师根据其经验、对被审计单位具体情况的掌握及内部核对和控制的程度而作出职业判断。"

《验证财务报表》中的"验证"被改为"检查"（Examination）。"验证"意味着检查几乎所有的交易和凭证，而"检查"意味着选择性检查交易和事项。换言之，标题的修改反映了审计抽样的概念正式确立。相应地，《检查财务报表》建议注册会计师在审计报告中特别申明没有进行详细审计。

二是《检查财务报表》对如何评价内部控制作出了进一步的阐述。在第三部分"针对更大或更小的企业对审计方案进行调整"中列出了注册会计师可依赖内部核对和检查的具体情形。例如：

"当某公司有很多银行账户，而每个账户涉及的金额相对较小，如果这些账户由独立于出纳的其他员工进行调节，注册会计师可能没有必要再去调节这些账户中的资金，而只需调节公司主要的银行账户，并获取由内部审计人员签署的其他账户的调节表即可。"

当然，当时内部控制的内涵较窄。《检查财务报表》指出：

"内部核对和控制"这个术语用来指组织内部为保护现金和其他资产安全以及核对簿记准确性而采取的措施和方法。防范措施涵盖诸如处理邮件和汇款单据、现金销售进项、编制工资单和发放工资、付款以及收到及发运货物等事项。这些措施通常采取的形式是职责分离或利用机器设备。"

在这个阶段，审计目标已经实现从检查员工舞弊和会计核算差错演进为验证会计信息的可靠性。审计目标的变化使抽查变得可能，公司规模的扩大使抽查变得必要。确定抽查的范围为审计实务界探索内部控制提供了动力，也为审计风险埋下了种子。总体而言，早期的审计标准以审计程序为中心，旨在规定一套标准的审计程序，虽然提到了“风险”的概念，但是未涉及重大错报风险的识别和评估，风险与拟实施的审计程序之间的关系也不清晰。虽然在历次修订中，内部控制的概念及其与抽查范围的关系日益得到强调和突出，但尚没有强制要求注册会计师了解内部控制。

二、孕育阶段

该阶段始于20世纪30年代末，止于20世纪70年代末。其特征是，审计准则制定以制度基础审计思想为主导，但“风险”概念的重要性也得以提升，同时，制度基础审计催生了审计风险模型的雏形和“控制风险”概念。

随着企业规模的扩大，企业内部控制逐渐建立并不断规范。审计实务逐渐从账项基础审计发展到制度基础审计，先进的实务随后也上升为审计准则的要求。

1939年10月，针对McKESSON & ROBBINS案件中暴露出的存货和应收账款审计程序的不足，美国注册会计师协会发布了《审计程序公告第1号——审计程序的拓展》。值得注意的是，在美国证交会的调查报告中，除没有实施函证和盘点程序外，注册会计师对企业内部控制了解和测试不够也是造成审计失败的原因。针对这一问题，《审计程序公告第1号——审计程序的拓展》要求注册会计师了解内部控制并在审计报告“范围段”中提及“内部控制”。1939年的审计报告的范围段内容如下：

“我们检查了ABC公司截至1939年12月31日止的资

产负债表以及该年度的收入和盈余表，检查了公司的内部控制系统和会计程序，用我们认为适当的方法和测试范围检查或测试了公司的会计记录和其他支持性证据，但是我们没有对交易进行详细的审计。”

1941 年修订的美国证券交易委员会（SEC）的规定要求注册会计师在计划审计工作时考虑企业的内部控制。规定指出，在确定审计测试范围时，注册会计师应当给予企业内部检查和控制适当考虑。同年，美国证券交易委员会（SEC）在结束对 McKESSON & ROBBINS 案件的最终调查后规定，注册会计师的报告（证明）应当说明审计是否按照“公认审计准则”进行。随后，美国注册会计师协会下属的审计程序委员会开始着手对“公认审计准则”的含义进行研究，并于 1947 年发布了《审计准则暂行公告》。

《审计准则暂行公告》划清了审计程序与审计准则的界限，从而改变了审计准则的发展方向。审计准则的层次应当高于审计程序。审计准则规定实施审计程序应当达到的目标，是判断何时以及在何种情况下应当实施何种审计程序的依据，因此它更多地体现审计程序背后的理念和原则。正是基于这一定位，人们开始系统地总结和提炼审计的理念和原则。《审计准则暂行公告》提出的 9 条准则具有高度概括性，属于美国审计准则体系的第一层次，后来颁布的审计准则公告（SAS）只是对这几条准则的进一步解释、说明和细化。

《审计准则暂行公告》奠定了制度基础审计的地位。外勤准则的第二条规定，注册会计师要研究和评价企业内部控制，作为依赖内部控制，并据以确定缩小审计测试范围的基础。对这一条的进一步阐释指出，注册会计师需要合理确信，被审计单位事实上正在运用这些程序，且如设计的一样运用。这意味着，了解被审计单位的内部控制是不够的，注册会计师还需要测试内部控制。Elliott 等人（1987）认为，这是审计准则第一次明确将了解内部控制和控制测试予以进一步区分。1958 年 10 月发布的《审计程序公告第 29 号——注册会计师对内部控制检查的范围》、1972 年 11 月发布的《审计程序公告第 54 号——注册会计师对内部控制的研究和评价》等对这一条予以细化。为指导注册会计师确定内部控制对实质性测试样本量时的影响，审计程序公告第 54 号在附录中还提出了审计风险模型的雏形：最终风险（Ultimate Risk）＝控制风险（IC）×分析程序风险（AR）×实质性程序风险（TD）[①]。

1947 年的《审计准则暂行公告》除了奠定了制度基础审计思想的主导地位外，还第一次正式提出了风险对审计程序的影响，为风险导向审计思想主导审计准则的制定埋下了伏笔：

> “所涉及风险的程度对检查的性质有重要的影响。现金交易比存货更容易出现违规问题，因此对现金可能要求执行更为严格的审计工作，但并不一定意味着花费更多的时间……。”

同时，内部控制与审计风险的关系也开始在准则中得到阐述：

> “内部核对和控制对检查范围的影响是错误风险高低程度对审计程序影响的一个很好的例子。内部检查和控制的主要目的是将错误和违规行为的风险降低到最小程度。系统越有效、越适当，风险越低，检查和测试的详细程度和范围越小。”

在这个阶段，审计理论界和实务界注重探究被审计单位内部控制对实质性测试的影响，进而为确定实质性测试中抽查的样本

① 美国审计准则委员会后来在 1981 年发布的《审计准则公告第 39 号——审计抽样》的附录中包含类似的模型。

量服务。虽然审计风险概念的重要性得到提升，并在审计抽样技术发展的助推下（Janet，1987）提出了审计风险模型的雏形和控制风险的概念，但是人们还没有把审计理解为一个重大错报风险识别、评估和应对的过程。

三、成熟阶段

该阶段始于20世纪70年代末，止于20世纪90年代中后期。其特征是，形成系统的风险导向审计思想，审计准则制定开始以风险导向审计思想为主导。

1983年，美国注册会计师协会下属的审计准则委员会（ASB）发布《审计准则公告第47号——审计风险和重要性》（SAS 47）。该公告给出了总体审计风险的概念，区分了两个层次的审计风险，并阐述了审计风险组成要素（即固有风险、控制风险和检查风险）之间的相互关系①，要求注册会计师将总体审计风险控制在可接受的低水平，并要求注册会计师在针对账户余额和交易设计实质性程序时，考虑固有风险和控制风险的影响。Graham（1985）指出，SAS 47的一大贡献在于它将职业界对审计风险及其构成要素的认识成果予以巩固。其目的主要在于提倡限制各个审计领域的审计风险，以达到低的总体审计风险。其次是恰当把握审计风险及其构成要素，以实现有效率的审计。SAS 47的另一大贡献是把固有风险作为一个单独要素进行考虑，并要求注册会计师对其予以评估。它的发布标志着审计准则的制定工作开始接受风险导向审计思想的系统指导。

ASB随后发布的准则，为实施风险导向审计提供进一步的指

---

① 《审计准则公告第47号——审计风险和重要性》将审计程序公告第54号附录中的审计风险模型上升为正文，并进行了改进。美国审计准则委员会1983年发布的审计准则公告第45号将原模型中的“最终风险”改为“审计风险”。

引。例如，分析程序准则是贯彻风险导向审计思想的配套准则。1988 年，作为期望差准则中的一个，SAS 56“分析程序”发布。与原准则相比，该准则的最大变化是要求注册会计师在审计计划阶段和复核阶段必须运用分析程序，其原因是分析程序对识别风险领域十分有效。

与此同时，ASB 还根据风险导向审计思想对原准则进行重新审视和修改。以美国函证程序准则的修订为例，针对 1938 年曝光的 McKesson 和 Robbins 丑闻，美国注册会计师协会曾在 1939 年作出规定，对应收账款实施函证程序是出具无保留审计报告的前提之一。但是这一规定不符合风险导向审计思想，因为一项实质性审计程序是否实施取决于注册会计师对固有风险和控制风险的评估结果，以及实施其他实质性测试程序所收集到的审计证据是否已经充分、适当。1991 年 11 月发布的 SAS 67 对其进行了修订，对函证程序的实施条件予以放宽。当固有风险和控制风险的综合评估结果为“低”，且其他实质性测试能提供足够的审计证据时，即使注册会计师没有对应收账款实施函证程序，仍可出具无保留意见审计报告。

关于制度基础审计与风险导向审计的联系和区别，也可从审计准则的规定中得到阐释。1988 年 4 月发布的《审计准则公告第 55 号——在财务报表审计中对内部控制结构的考虑》第 61 段指出，评估控制风险的最终目的是有助于注册会计师评价财务报表中存在重大错报的风险。这一段点透了制度基础审计与风险导向审计的联系。应该说，风险导向审计是对制度基础审计的升华（张龙平和陈建明，1997；刘力云，1999）。前者保留了后者的所有合理内核。在风险导向审计模式下，对内部控制的了解和评估的要求是加强了，而不是削弱了。但内部控制的了解和评估服从于评估审计风险模型中的控制风险的需要。所不同的是，风险导向审计扩大了风险评估的范畴，除控制风险外，还特别强调固有风险的评估。这并不是说，在制度基础审计模式下，注册会计师完全不注意固有风险，而是说，并没有对它进行正式的评估（Mason，1997）。《审计程序公告第54号——注册会计师对内部控制的研究和评价》附录“审计中统计抽样的精确度和可靠性”中指出，在确定检查风险时，固有风险是一个重要因素，但由于不知道固有风险的高低，它已被保守地假定为100%。美国审计准则委员会后来在1981年发布的《审计准则公告第39号——审计抽样》附录中的模型［最终风险（Ultimate Risk）＝控制风险（IC）×分析程序风险（AR）×实质性程序风险（TD）］也没有把固有风险因素纳入。公告指出，固有风险的量化很难，可能需要花费较多的成本。尽管审计经验显示，它可能大大低于100%，但是在模型中它被保守地假定为100%。

在这个阶段，风险管理的理念在审计中得以深入运用，审计被视为一个控制审计风险的过程，内部控制的了解和测试融入重大错报风险的识别、评估和应对的过程中，并最终服务于审计风险控制。相应地，审计准则要求注册会计师在审计过程中围绕审计风险控制做工作，并为重大错报风险的识别、评估和应对提供了更多的指导，以提高审计的效率和效果。

四、深化和创新阶段

该阶段始于20世纪90年代中后期。其特征是，风险导向审计思想在审计准则中的地位更加突出，深化和创新的成果写入审计准则。

审计准则公告第47号颁布后，有证据显示，中小型事务所在执行财务报表审计时仍然不考虑风险评估的结果，仍习惯于采用标准的程序表（Turley 等人，2001）。1988年，美国审计署（GAO）对在1985—1987年期间倒闭的11家储蓄与贷款合作社的审计工作质量进行了调查。GAO得出结论，其中6家审计质量不合格，因为注册会计师没有恰当地评估和处理审计风险。从中吸取的教训是，如果注册会计师要缩小期望差距和履行自身在发现重要错误与舞弊方面的责任，审计必须以风险为导向（Risk - Driven），而不能以程序为导向（Procedures - Driven）（见 Larry，1999）。为此，准则制定机构认为有必要修订现行审计准则，以转变注册会计师的实际执业行为（Turley 等人，2000）。

另一方面，以国际“五大”为首的大型国际会计师事务所在不断地改进和创新审计方法论，对传统风险导向审计进行了创新，提出了经营风险导向审计。因此，需要修改审计准则，以体现经营风险导向审计的先进内容。

在上述背景下，美国审计准则委员会于 2006 年发布了风险导向审计准则。与原准则相比，风险导向审计准则有如下重大变化：

（一）修改基本准则，突出风险导向审计思想在审计准则体系中的地位

在美国，位于审计准则体系最高层次的 10 条基本准则保持了相对稳定性，自颁布以来，修订的范围和频率相对较小。但根据风险导向审计的要求，ASB 对第 2 条外勤准则进行了重大修订。原第 2 条准则集中体现了制度基础审计思想，其内容为：“注册会计师应当对内部控制获取足够的了解，以确定将要进行的测试的性质、时间安排和范围。”修订后改为：“注册会计师必须对被审计单位及其环境（包括内部控制）获取足够的了解，以评估无论是由错误还是舞弊引起的重大错报风险，并设计进一步审计程序的性质、时间和范围。”可见，修订后的准则更多地体现风险导向审计思想。注册会计师应当了解的范围扩充为被审计单位及其环境，包括内部控制，而了解的目的也更改为评估财务报表由于错误或舞弊发生重大错报的风险。

（二）对原有涉及风险导向审计内容的准则进行重新整合，突出围绕重大错报风险识别、评估和应对的风险导向审计流程

在原美国审计准则体系中，除《审计准则公告第 47 号——审计风险和重要性》外，《审计准则公告第 22 号——审计计划》、《审计准则公告第 55 号——财务报表审计中对内部控制的考虑》、《审计准则公告第 45 号——在资产负债表日前实施实质性程序》与风险导向审计思想密切相关。为更好地体现和切实贯彻风险导向审计思想，突出重大错报风险识别、评估和应对的审计工作主线，有必要将这几项准则的内容进行重新整合。首先，将审计准则公告第 22 号部分内容（了解被审计单位情况）和第 55 号的部分内容（内部控制的了解）合并充实成一个新的准则《审计准则公告第 109 号——了解被审计单位及其环境并评估重大错报风险》。整合后的准则将了解被审计单位情况与了解的目的直接联系起来，而不是割裂开来，明确了解的主要目的就是评估财务报表发生重大错报的风险。

其次，在第 55 号其余内容（内部控制的测试）和第 45 号的内容基础上，发布一个新的准则《审计准则公告第 110 号——针对评估的重大错报风险实施的程序并评价审计证据》。该准则要求注册会计师对财务报表层次重大错报风险作出总体反应，并通过设计和实施进一步的审计程序以应对认定层次重大错报风险。

可以说，整合后的这两项准则反映了以重大错报风险的识别、评估和应对为工作主线的审计新流程，也是新准则体系中的主干准则。

（三）强化风险导向审计在审计实务中的贯彻，细化对风险导向审计在实务中如何运用的指导

为提高风险导向审计思想在审计实务中的运用程度，修订后

的准则作出了如下强制性规定（见 ASB，2006）：

1. 注册会计师必须实施专门的程序（即风险评估程序）更深入、更广泛地了解企业情况。

2. 在充分掌握被审计单位情况的基础上，注册会计师应当对所审计财务报表发生重大错报的风险进行更严格的评估，包括考虑风险发生的可能性与后果。注册会计师必须对所有审计项目进行风险评估，而不能不经评估就直接将固有风险设定为最高。

3. 注册会计师必须将风险评估结果与所实施进一步审计程序的性质、时间和范围更清楚地挂钩。

此外，为增强可操作性，修订后的准则还为注册会计师如何贯彻这些要求，特别是如何识别、评估和应对重大错报风险，提供了更详细的指南。

（四）注重经营风险与审计风险之间的固有联系，注重用系统、联系的思维进行审计，体现了审计方法论的创新和风险评估的深化

修订后的审计准则一方面吸收了“经营风险基础审计”和“透过战略系统棱镜审计”中的合理成分，对注册会计师了解的内容提出了更高的要求，增加了“被审计单位目标、战略和经营风险”和“被审计单位财务业绩的衡量的评价”等两方面的了解内容。另一方面，又针对他们的缺陷要求，无论评估的重大错报风险结果如何，注册会计师都应当针对所有重大的各类交易、账户余额、列报实施实质性程序。

在这个阶段，一方面，风险导向审计思想在实务中贯彻不到位问题引起了人们的重视；另一方面，风险导向审计思想有了新的发展。相应地，准则制定机构修改了审计准则，以强调风险导向审计的理念，突出重大错报风险识别、评估和应对的工作主

线，并因循审计环境的变化汲取审计方法论创新中的合理成分。

审计方法的发展有两个重要的方面：一个是对审计风险的考虑；另一个是应用内部控制概念的扩展（刘力云，1999）。从一百多年前注册会计师具有朴素的风险导向审计意识，到这个概念被正式提出、再到形成系统的理论和实务，最终成为指导审计准则制定的主导思想，经历了一个渐进、漫长的过程。通过梳理这段历史，我们发现：美国的审计标准从一开始（1917 年）就以保证资产负债表正确性为审计目标，以制定标准的审计程序为导向，具有了审计风险概念的萌芽；20 世纪 40 年代“公认审计准则”概念的提出改变了审计准则的发展方向，提升了审计风险概念的重要性；20 世纪 80 年代，风险导向审计开始成为审计准则制定中的指导思想；21 世纪初，审计准则进行了重大修改，要求注册会计师在审计实务中切实贯彻风险导向审计理论，同时体现了风险导向审计的发展和创新。

第二节 风险导向审计思想对我国审计准则制定的影响

一、审计准则制定以账项基础审计理念为指导阶段

1988 年 12 月 27 日财政部颁布的《注册会计师检查验证会计报表规则（试行）》是我国最早的审计标准。这个标准针对不同的会计科目，罗列了审计程序。因此，从性质上看，它类似于美国 1917 年制定的《资产负债表审计备忘录》，体现更多的是账项基础审计的理念。

《注册会计师检查验证会计报表规则（试行）》提到了内部控制的概念及其与检查范围的关系。第十三条规定：注册会计师

应当了解委托人的会计制度和其他管理制度是否合理和完备，并检查这些制度是否得到正常遵守……。第二十三条规定：注册会计师在执行检查验证中，可以采用逐项检查的方法，也可以采用抽样检查的方法。是否采用抽样检查的方法和抽样检查的范围，应视委托人规模大小和内部管理制度的完善程度而定。如果认为内部管理制度很不健全，不具备检查验证基本要求的，可以同委托人约定首先帮助其进行整理，并适当扩大检查范围。值得指出的是，《注册会计师检查验证会计报表规则（试行）》没有提到审计风险的概念，也没有对如何了解和测试内部控制提供进一步的指引。

二、审计准则制定以制度基础审计理念和传统风险导向审计理念为指导阶段

经财政部批准同意，中注协自 1994 年 5 月开始起草独立审计准则，取代原先制定的执业规则。1995 年 12 月，《独立审计基本准则》发布。准则第十二条规定，注册会计师应当研究和评价被审计单位的相关内部控制，据以确定实质性测试的性质、时间和范围。1996 年 12 月，《独立审计具体准则第 9 号——内部控制与审计风险》发布，对审计过程中如何考虑内部控制和审计风险提供了较为详细的指引。可以说，这些准则充分借鉴了当时国际审计准则和美国审计准则，集中体现了制度基础审计和风险导向审计的思想，标志着我国审计准则制定转向以制度基础审计理念和传统风险导向审计理念为指导的阶段。

三、审计准则制定以风险导向审计理念为主导阶段，建立风险导向审计的核心准则

2006 年 2 月 15 日，中国注册会计师执业准则体系发布。为提高审计的效率和效果，中国注册会计师执业准则体系突出强调

了风险导向审计理念，要求注册会计师在执行财务报表审计业务时以重大错报风险的识别、评估和应对为审计工作主线。

集中体现风险导向审计理念的准则主要包括《中国注册会计师审计准则第 1211 号——了解被审计单位及其环境并评估重大错报风险》（以下简称“1211 号准则”）和《中国注册会计师审计准则第 1231 号——针对评估的重大错报风险实施的程序》（以下简称“1231 号准则”）[①] 两项准则（以下简称“风险导向审计准则”）。

1211 号准则规范注册会计师如何识别和评估重大错报风险，它要求注册会计师全面深入地了解被审计单位及其环境的各个方面（包括了解内部控制的设计和是否得以执行），并在此基础上进行更为严格的风险识别和评估，以识别出财务报表层次和认定层次的重大错报风险。

1231 号准则规范注册会计师如何应对识别的两个层次重大错报风险，它要求注册会计师针对财务报表层次重大错报风险，实施总体应对措施；要求注册会计师针对认定层次的重大错报风险，通过调整进一步审计程序的性质、时间和范围加以应对。进一步审计程序包括控制测试（测试控制在拟信赖期间是否一贯运行）和实质性程序。准则要求注册会计师增加审计程序的针对性，在实施的进一步审计程序与评估的认定层次重大错报风险之间建立清晰的联系。

四、审计准则实现持续全面国际趋同阶段，风险导向审计思想贯彻至整套审计准则体系

风险导向审计准则集中体现风险导向审计理念，建立了风险

① 在最近一轮修订中，被更名为《中国注册会计师审计准则第 1231 号——针对评估的重大错报风险采取的应对措施》。

导向审计的概念框架。但是，受当时部分国际审计准则没有同步修订的影响，风险导向审计理念并没有贯彻到所有的准则之中。

自2009年开始，借鉴国际审计准则明晰项目的成果，我国审计准则进行了新一轮修订并于2010年11月1日发布新修订的审计准则体系。新修订的审计准则体系实现了与国际审计准则的持续全面趋同，将风险导向审计理念全面彻底地贯彻到整套审计准则中，避免了准则体系的内在不一致。

第一，对规范关联方及其交易、会计估计（包括公允价值会计估计）、集团财务报表、持续经营等具体审计准则，围绕重大错报风险的识别、评估和应对的审计流程行文，摆脱原来的审计程序导向思维。

第二，对规范具体审计程序的系列准则、包括函证、分析程序等，在行文时从风险识别、评估和应对的高度要求注册会计师考虑是否实施及如何实施这些程序。例如，考虑到函证程序通常能为注册会计师提供可靠性更强的审计证据，1231号准则规定，注册会计师应当考虑是否将函证程序用作实质性程序，以应对评估的认定层次的重大错报风险。在确定是否实施函证程序时，《中国注册会计师审计准则第1312号——函证》一方面要求注册会计师对银行存款及与金融机构往来的其他重要信息实施函证程序。另一方面，当有充分证据表明这些项目对财务报表不重要且与之相关的重大错报风险很低时，允许不实施函证程序。这样平衡，既考虑了函证是应对重大错报风险的强有力程序，又体现了风险导向审计思想的内在要求。

第三，风险导向审计的理念将充分体现到整个审计过程中，避免了准则体系的内在不一致。例如，对特殊目的审计报告类准则，在描述注册会计师所做的审计工作时强调风险导向审计思想等，即说明“审计工作涉及实施审计程序，以获取有关财务报表金额和披露的审计证据。选取的审计程序取决于注册会计师的判断，包括对由于舞弊或错误导致的财务报表重大错报风险的评估。”这样修改使特殊目的财务信息审计报告与通用目的财务报表审计报告措辞一致。本轮修订后，风险导向审计的理念将充分体现到整套审计准则体系中的每一项审计准则中。

第五章　风险导向审计准则解读[①]

风险导向审计思想贯穿于整个审计准则体系。在现行审计准则体系中，集中阐述风险导向审计的准则（包括其应用指南）主要有《中国注册会计师审计准则第1101号——注册会计师的总体目标和审计工作的基本要求》（以下简称“1101号准则”）、《中国注册会计师审计准则第1211号——通过了解被审计单位及其环境识别和评估重大错报风险》（以下简称“1211号准则”）、《中国注册会计师审计准则第1231号——针对评估的重大错报风险采取的应对措施》（以下简称“1231号准则”）三项，本章分别解析之。

第一节　1101号准则解析

1101号准则是规范财务报表审计业务的总括性准则，它统驭其他各项审计准则。可以说，其他各项审计准则是该项准则的进一步展开和具体化。在这样一个高度概括的准则中提到风险导向审计，可见风险导向审计思想的地位。1101号准则高度浓缩了风险导向审计思想的精华，它首先定义了审计风险的概念，并

① 本章基于中国注册会计师执业准则及其应用指南的规定，加上作者本人的一些解读和对原文的顺序调整、编辑而成。

提出了控制审计风险的总体要求。

一、运用风险导向审计的必要性

1101号准则对为什么要用风险导向审计作出了说明。“为了在合理的时间内以合理的成本对财务报表形成审计意见，注册会计师有必要将审计资源投向最可能存在重大错报风险的领域，并相应地在其他领域减少审计资源”（见1101号准则应用指南第48段）。为此，审计准则要求注册会计师实施风险评估程序和开展相关活动，以作为识别和评估财务报表层次及认定层次的重大错报风险的基础（见1101号准则指南第49段）。

为了便于读者理解“认定层次的重大错报风险”，这里对“认定”的概念作出说明。认定（Assertion）是财务报表审计中的一个基础概念。单词“Assert”的直接含义是清楚坚定地声明某事是正确的。“Assertion”是“Assert”的名词形式，意思是断言或声明，即说明你强烈认为某事是正确的一项声明。由企业管理层编制的财务报表，体现了一系列的认定。如企业管理层在资产负债表中列示固定资产为1 000万元，这意味着管理层作出了如下的认定：这1 000万元所代表的固定资产是真实存在的，即没有虚列固定资产（存在认定）；这1 000万元所代表的固定资产所有权属于企业（权利与义务认定）；除了这1 000万元所代表的固定资产外，企业没有其他的固定资产，即没有漏列固定资产（完整认定）；固定资产列报金额1 000万元正确，包括累计折旧的计提和期末计价方法正确（计价和分摊认定）。同样，如企业管理层在利润表中列示营业收入为1 000万元，这意味着管理层作出了如下的认定：这1 000万元所代表的营业收入确系真实发生的交易带来的，即没有虚列收入（发生认定）；除了这1 000万元所代表的营业收入，企业没有其他交易带来的营业收入（完整认定），即没有漏列收入；企业列示的营业收入金额准确（准确性认定）；企业的营业收入均应确认于本期，即没有提前或推后确认的情况（截止认定）；企业的营业收入均记录于正确的账户，即没有将固定资产销售收入或营业外收入记入本账户（分类认定）。

认定，是指管理层在财务报表中作出的明确或隐含的表达。在声明财务报表按照适用的财务报告编制基础编制时，管理层对财务报表各种要素及相关披露的确认、计量、列报与披露作出明确或隐含的认定（1211 号准则应用指南第 110 段）。这里的财务报表要素既可理解为资产、负债、所有者权益、收入、费用、利润等 6 大会计要素，又可理解为每一财务报表项目。

1211 号应用指南第 110 段指出，注册会计师在考虑可能发生的潜在错报的不同类型时运用的认定，分为以下三类并可能采取以下形式：

1. 关于所审计期间各类交易和事项的认定

首先说明一下各类交易和事项的概念。交易往往指企业与外界发生的交换行为，如销售产品是一种交易，采购原材料也是一项交易。事项是指没有交易对方的、但影响企业的财务状况和经营成果的因素或情况，如汇率发生变动，发生自然灾害等。交易和事项是针对某一期间而言的。可以说，利润表的项目主要是某一类别的交易在本期的累计发生额。关于所审计期间各类交易和事项的认定包括：

（1）发生——记录的交易或事项已发生，且与被审计单位有关；

（2）完整性——所有应当记录的交易和事项均已记录；

（3）准确性——与交易和事项有关的金额及其他数据已恰当记录；

（4）截止——交易和事项已记录于正确的会计期间；

（5）分类——交易和事项已记录于恰当的账户。

2. 关于期末账户余额的认定

账户余额针对某一时点而言。可以说，资产负债表上的项目都是账户余额，是时点数。关于期末账户余额的认定包括：

（1）存在——记录的资产、负债和所有者权益是存在的；

（2）权利和义务——记录的资产由被审计单位拥有或控制，记录的负债是被审计单位应当履行的偿还义务；

（3）完整性——所有应当记录的资产、负债和所有者权益均已记录；

（4）计价和分摊——资产、负债和所有者权益以恰当的金额包括在财务报表中，与之相关的计价或分摊调整已恰当记录。计价更多的是指计量属性，如历史成本、可变现净值、公允价值等。分摊更多的是指长期资产的折旧和摊销，如固定资产的折旧和无形资产的摊销。

3. 与列报和披露相关的认定

列报和披露是指财务报表的附注、财务报表的格式、各财务报表项目的分类、排序、信息的详略程度等等。《企业会计准则第30号——财务报表列报》对此进行了规范。与列报和披露相关的认定包括：

（1）发生以及权利和义务——披露的交易、事项和其他情况已发生，且与被审计单位有关；

（2）完整性——所有应当包括在财务报表中的披露均已包括；

（3）分类和可理解性——财务信息已被恰当地列报和描述，且披露内容表述清楚；

（4）准确性和计价——财务信息和其他信息已公允披露，且金额恰当。

可以说，每个认定针对的是某一类的潜在错报。如完整性认定针对的是无意漏报或蓄意隐瞒导致的错报。当然，在审计实务中，会计师事务所不一定要严格按照上述标准对认定进行分类。重要的是，上述潜在错报的种类均为会计师事务所采用的认定分类标准所涵盖。

财务报表审计的目标在于对财务报表整体是否不存在重大错报发表审计意见。财务报表是由一个个认定组成的。为了实现这一目标，注册会计师需要确认每个认定是否存在重大错报。因此，认定是审计精细化的基础，注册会计师将认定用于考虑可能发生的不同类型的潜在错报。通过运用认定，能够使注册会计师既不忽略某个重要错报领域，又不重复。

剩下的问题是，既然财务报表反映了很多类别的交易、账户余额和列报，每类交易、账户余额和列报又有多项认定，注册会计师如何才能在有限的时间和成本下完成审计工作呢？答案就是风险导向审计。把每个认定都当作审计重点显然不可行，在每个认定上平均使用审计资源显然也没有效率，因此根据每个认定的风险有针对性地配置审计资源才能做到既有效果，又有效率。

二、审计风险的概念

审计风险，是指当财务报表存在重大错报时，注册会计师发表不恰当审计意见的可能性。

在审计准则中，审计风险不包括财务报表不存在重大错报，而注册会计师发表的审计意见认为财务报表存在重大错报的风险。这种风险通常可以忽略不计。审计风险是一个与审计过程相关的技术术语，并不是指注册会计师的业务风险，如因诉讼、负面宣传或其他与财务报表审计相关的事项而导致损失的可能性。

三、审计风险的构成要素

审计风险取决于重大错报风险和检查风险。

（一）重大错报风险的含义

重大错报风险，是指财务报表在审计前存在重大错报的可能性。

（二）两个层次的重大错报风险

重大错报风险分为财务报表层次的重大错报风险和各类交易、账户余额和披露的认定层次的重大错报风险。

1. 财务报表层次的重大错报风险

财务报表层次重大错报风险是指与财务报表整体广泛相关，并潜在地影响多项认定的风险。这种性质的风险不一定限定于某类交易、账户余额或披露层次的特定认定的风险，而在一定程度上代表了可能增加认定层次重大错报风险的情况，如管理层凌驾于内部控制之上。财务报表层次的风险可能与注册会计师考虑由于舞弊导致的重大错报风险尤其相关。

财务报表层次的风险很可能源于控制环境存在缺陷（虽然这些风险还可能与其他因素相关，如经济下滑）。例如，管理层缺乏胜任能力等缺陷可能对财务报表具有更广泛的影响，可能需要注册会计师采取总体应对措施。

2. 认定层次的重大错报风险

认定层次重大错报风险由固有风险和控制风险两部分组成。

某些认定及相关类别的交易、账户余额和披露，固有风险较高。例如，复杂的计算或者金额来源于具有高度不确定性的会计估计的账户，固有风险较高。外部环境引起的经营风险也可能影响固有风险，例如，技术进步可能导致某项产品陈旧，进而导致存货易于高估。被审计单位及其环境的某些因素，可能与多个或所有类别的交易、账户余额或披露相关，也可能影响与某一具体认定相关的固有风险。例如，这些因素可能包括缺乏持续经营的营运资本或由于大规模的经营失败而表现出的产业衰退。

控制风险取决于内部控制设计、执行和维护的有效性。管理层采用内部控制，旨在应对识别出的影响被审计单位实现与财务报表编制相关的目标的风险。然而，由于内部控制的固有限制，无论内部控制设计和运行如何有效，也只能降低而不能消除财务报表的重大错报风险。内部控制的固有限制包括诸如人为差错的可能性，因串通舞弊或管理层不适当地凌驾于控制之上而使内部控制被规避的可能性。因此，控制风险始终存在。审计准则规定了在确定拟实施的实质性程序的性质、时间安排和范围时，注册会计师需要测试或可以选择测试内部控制运行有效性的情形。

固有风险和控制风险是被审计单位的风险，独立于财务报表审计而存在。

审计准则通常不单独提及固有风险和控制风险，而仅提及重大错报风险（即两者综合评估的结果）。然而，注册会计师可以根据其偏好的审计技术或方法以及实务的考虑，单独或综合评估固有风险和控制风险。重大错报风险的评估结果可以用定量术语（如百分比）或非定量的术语表达。在任何情况下，作出适当的风险评估，要比评估所采用的具体方法更重要。

评估认定层次的重大错报风险的目的，是确定所需实施的进一步审计程序的性质、时间安排和范围以获取充分、适当的审计证据。这种证据使注册会计师能够在审计风险处于可接受的低水平时对财务报表发表意见。注册会计师需要考虑各类交易、账户余额和披露认定层次的重大错报风险，因为这些考虑直接有助于确定用于获取充分、适当的审计证据而在认定层次实施的进一步审计程序的性质、时间安排和范围（1211 号准则应用指南第 110 段）。

注册会计师使用多种方法评估重大错报风险。例如，注册会计师可以利用风险模型（即用数学术语表达审计风险各要素之间一般关系的模型)，得出可接受的检查风险。这种模型可能有助于计划审计程序。

1211 号准则及其应用指南对识别和评估财务报表层次和认定层次重大错报风险作出规定并提供指引。

（三）检查风险

检查风险，是指如果存在某一错报，该错报单独或连同其他错报可能是重大的，注册会计师为将审计风险降至可接受的低水平而实施程序后没有发现这种错报的风险。

在既定的审计风险水平下，可接受的检查风险水平与评估的认定层次重大错报风险呈反向关系。例如，注册会计师认为重大错报风险越高，可接受的检查风险越低，相应地，注册会计师需要获取更具有说服力的审计证据。

检查风险与注册会计师为将审计风险降至可接受的低水平而确定的审计程序的性质、时间安排和范围相关。因此，它取决于审计程序及其执行的有效性。下列措施有助于提高审计程序及其执行的有效性，降低注册会计师选取不适当的审计程序、错误执行适当的审计程序或错误解释审计结果的可能性：

（1）制订恰当的计划；

（2）为项目组分派合适的人员；

（3）保持职业怀疑；

（4）监督和复核已执行的审计工作。

《中国注册会计师审计准则第 1201 号——计划审计工作》及其应用指南和 1231 号准则及其应用指南对计划财务报表审计工作和应对评估的风险作出规定并提供指引。然而，由于审计的固有限制，检查风险只能降低而无法消除。因此，检查风险始终存在。

四、控制审计风险的总体要求

为了获取合理保证，注册会计师应当获取充分、适当的审计证据，以将审计风险降至可接受的低水平，使其能够得出合理的结论，作为形成审计意见的基础。这实际上是注册会计师执行审计工作的落脚点。

合理保证，是指注册会计师在财务报表审计中提供的一种高度但非绝对的保证。合理保证与审计风险是一个硬币的两面，如果注册会计师将审计风险降至可接受的低水平，则获得了合理保证。

第二节　1211 号准则解析

识别和评估重大错报风险是风险导向审计的起点，也是关键所在。只有风险识别和评估准确，风险应对工作才能有的放矢、事半功倍。1211 号准则规范和指导注册会计师如何识别和评估重大错报风险，包括财务报表层次和认定层次的重大错报风险。因此，1211 号准则将注册会计师的目标设定为："通过了解被审计单位及其环境，识别和评估财务报表层次和认定层次的重大错报风险（无论该错报由于舞弊或错误导致），从而为设计和实施针对评估的重大错报风险采取的应对措施提供基础。"了解被审计单位及其环境是识别和评估财务报表重大错报风险的途径，设计针对评估的重大错报风险采取的应对措施是识别和评估财务报表重大错报风险的直接目的。可以说，注册会计师贯彻实施 1211 号准则是否到位的基本标志是风险识别和评估是否到位和准确。

一、了解被审计单位及其环境

要识别和评估重大错报风险，注册会计师就需要全面深入了解被审计单位及其环境。换言之，风险识别和评估工作必须建立在深入了解被审计单位及其环境的基础上。1211 号准则要求注册会计师从下列六个方面了解被审计单位及其环境。

（一）相关行业状况、法律环境和监管环境及其他外部因素

1. 行业因素

了解行业因素可以帮助注册会计师识别重大错报风险。相关行业因素包括行业状况，如竞争环境、供应商和客户关系、技术发展情况等。

例如，了解被审计单位所处行业的市场与竞争状况，包括市场需求、生产能力和价格竞争，可以对被审计单位在行业中所处的地位有一个总体的把握，对其经营业绩形成一个大致的预期，进而与被审计单位审计前利润表上数字的进行比较，以识别异常的趋势和比率。如果行业生产能力过剩，价格竞争激烈，可能导致存货跌价准备和固定资产减值准备计提出现错报。

同样，与被审计单位产品相关的生产技术发生进步，可能需要对原有技术条件下生产的存货计提跌价准备，甚至需要对技术落后的固定资产计提减值准备。另外，被审计单位为紧跟技术的发展而进行的研究与开发支出是否能够资本化也可能存在重大错报风险。

对农业企业、啤酒酿造、房地产等生产经营具有季节性和周期性的行业，其不同季节或不同经济周期的存货数量和销售收入波动很大，了解这个特点，对于注册会计师运用分析程序识别重大错报风险很有帮助。此外，这些行业也有些特殊的会计问题，如农业企业涉及生物资产的确认和计量。

再如，对于电解铝、交通运输等行业而言，能源供应与成本对其经营及其业绩可能产生重大影响，因此注册会计师了解这方面的内容对识别和评估重大错报风险非常有帮助。

最后，被审计单位经营所处的行业可能产生由于经营性质或监管程度导致的特定重大错报风险。例如，建筑、造船等行业的长期合同可能涉及对收入和费用作出重大估计而导致重大错报风险。在这种情况下，项目组包括具有足够相关知识和经验的成员是很重要的。

2. 法律和监管因素

相关法律和监管因素包括法律环境和监管环境。法律环境和监管环境包括适用的财务报告编制基础、法律和政治环境等。注册会计师可能需要考虑的事项举例如下：

（1）会计原则和行业特定惯例。财务报告编制基础，通俗而言即进行会计核算和编制财务报告的标准。对于通用目的财务报告，财务报告编制基础主要是指会计准则、配套的指南、解释等。此外，法律法规中可能也有一些财务会计核算和报告方面的规定，如我国的《会计法》、《企业财务会计报告条例》、《公司法》中“财务会计”章节。对某些行业，可能有一些特定的惯例。如对于矿产开采企业，需要计提安全生产费。

（2）受管制行业的法规框架。例如，商业银行的运营涉及公众利益，因此受到《商业银行法》和金融监管部门规章的严格约束，包括对资本充足率、资产负债结构比率等设定限制。商业银行违反这些规定，可能导致罚款、限期整改，甚至吊销营业执照，这些监管行动引起的后果需要在商业银行财务报表中予以反映。同时，在不满足这些比率要求的情况下，商业银行管理层可能实施舞弊行为。

（3）对被审计单位经营活动产生重大影响的法律法规，包括直接的监管活动。不同的法律法规对财务报表的影响差异很大。被审计单位需要遵守的所有法律法规，构成注册会计师在财务报表审计中需要考虑的法律法规框架。某些法律法规的规定对财务报表有直接影响，决定财务报表中报告的金额和披露，如税收和企业年金方面的法律法规。其他一些法律法规虽不会对财务报表产生直接影响，但规定了允许被审计单位开展经营活动的条件，如关于安全生产和公平就业等方面的法规，违反这些法律法规，可能具有财务后果，因而对财务报表产生重大影响，包括需要确认预计负债，评估持续经营假设的合理性。

（4）税收政策（关于企业所得税和其他税种的政策）。了解税收政策对注册会计师识别和评估财务报表重大错报风险有以下几方面作用：首先，税收政策对企业应当在财务报表确认的所得税费用、应交税费、递延所得税资产、递延所得税负债、管理费用、销售费用等诸多项目有直接影响，同样税收政策的调整也会引起这些项目的计算错误。其次，企业可能出于减少税收、套取税收政策优惠等动机对财务资料进行造假，从而与注册会计师评估企业财务报表舞弊的风险相关。

（5）目前对被审计单位开展经营活动产生影响的政府政策，如货币政策（包括外汇管制）、财政政策、财政刺激措施（如政府援助项目）、关税或贸易限制政策等。政府政策可能对不同的企业影响不同。货币政策可能对商业银行、房地产行业影响较大，而关税、出口退税政策、外汇管制或贸易政策可能对外向型企业影响较大。

（6）影响行业和被审计单位经营活动的环保要求。了解环保要求对注册会计师识别和评估财务报表重大错报风险有以下几方面作用：一是对因达不到环保要求的存货可能要计提跌价准备，甚至要对相应的生产设备计提减值准备；二是企业违反环保法规的规定，可能招到罚款、承担污染治理的费用、或赔偿受害人损失等，这些财务后果需要在财务报表中反映，特别是预计负债确认的完整性和表外披露的完整性；三是对严重违反环保法规的企业，可能需要关停并转，从而影响其编制财务报表所采用的持续经营假设的合理性。

3. 其他外部因素

注册会计师考虑的影响被审计单位的其他外部因素可能包括总体经济情况、利率、融资的可获得性、通货膨胀水平或币值变动等。

2008 年，美国次贷危机引发了全球金融危机。这一经济形势对注册会计师评估企业的财务报表重大错报风险有以下影响：一是危机给企业的盈利和财务状况带来不利影响，增大了管理层舞弊的动机和压力；二是对于某些以公允价值计量的资产，公允价值金额的确定及相关的披露容易出现错报；三是存货的可变现净值、应收账款的坏账准备、递延所得税资产的可实现金额、长期资产的减值准备、退休金及退休后福利计算中的一些假设等会计估计在新的经济形势下容易出错；四是对企业编制财务报表所采用的持续经营经营假设的合理性可能产生疑虑；五是因企业一些刺激销售的行动，如赋予购买方退货权、与购买方签订背后协议、改变销售条款等导致收入确认发生错报；六是危机本身及企业应对危机的行动可能导致合并范围、或有和担保事项、金融资产的计价、重组等出现错误。

（资料来源：PCAOB Staff Audit Practice Alert No. 3 – Auditing condiserations in the current economic environments）

（二）被审计单位的性质

被审计单位的性质，包括经营活动、所有权和治理结构、正在实施和计划实施的投资（包括对特殊目的实体的投资）的类型、组织结构和筹资方式。了解被审计单位的性质，可以使注册会计师了解预期在财务报表中反映的各类交易、账户余额和披露。例如，对于高科技企业，注册会计师可以预期研究开发支出较大，无形资产在企业总资产中占有较高比例。而对服务型企业而言，注册会计师可以预期工资费用在企业总成本中占较高比例。

了解被审计单位的性质使注册会计师能够了解如下事项：

(1) 被审计单位的组织结构是否复杂。例如，是否在多个地区拥有子公司或其他组成部分。复杂的组织结构通常产生可能导致重大错报风险的问题。这些问题可能包括对商誉、合营企业、投资或特殊目的实体的会计处理是否恰当，同时对分部的确定和报告产生影响。此外，复杂的组织结构也给管理层实施舞弊行为提供了机会。

(2) 所有权结构，所有者与其他人员或实体之间的关系。了解这些方面有助于确定关联方关系及关联方交易是否已得到识别和恰当处理。《中国注册会计师审计准则第 1323 号——关联方》及其应用指南对注册会计师与关联方相关的考虑作出了规定并提供了指引。此外，被审计单位实际控制人的诚信直接影响被审计单位的控制环境，从而影响到财务报表层次重大错报风险评估。股东之间缺乏制衡更可能导致管理层凌驾于控制之上的风险。

琼民源是我国证券市场建立以来最严重的财务报告舞弊事件。1997 年 1 月 22 日，琼民源公司公布 1996 年年报，宣布利润为 5.7 亿元。实际情况是，在 1996 年利润总额 5.7 亿中有 5.4 亿是虚构出来的，是“琼民源”公司控股股东在背后操纵，通过关联方交易“实现”的。查实后，主管部门撤销了直接为琼民源进行审计的海南中华会计师事务所，吊销其主要负责人的注册会计师资格证书。对中华会计师事务所处以警告，暂停其从事证券业务资格 6 个月。对该事务所在琼民源财务审计报告上签字的注册会计师，暂停其从事证券业务资格 3 年。

在了解被审计单位的性质时，注册会计师可能需要考虑的事项举例如下：

1. 经营活动

了解企业的经营活动有助于注册会计师识别和评估财务报表重大错报风险。例如，经营时装的企业，期末可能要对存货计提跌价准备；有海外经营活动的企业，外币折算方法的选择可能出现错误；从事计算机软件开发的企业，软件销售收入的确认、研究开发支出的资本化、以股权为基础的支付等可能存在重大错报风险。注册会计师需要了解的经营活动，例如：

（1）收入来源、产品或服务以及市场的性质（包括电子商务，如网上销售和营销活动）；

（2）业务的开展情况（如生产阶段与生产方法、易受环境风险影响的活动）；

（3）联盟、合营与外包情况；

（4）地区分布与行业细分；

（5）生产设施、仓库和办公室的地理位置，存货存放地点和数量；

（6）关键客户及货物和服务的重要供应商，劳动用工安排（包括是否存在工会合同、退休金和其他退休福利、股票期权或激励性奖金安排以及与劳动用工事项相关的政府法规）；

（7）研究与开发活动及其支出；

（8）关联方交易。

2. 投资与投资活动

企业的投资和投资活动可能引起重大错报风险，包括投资（特别是复杂的金融工具）的计价、合并范围的确定、商誉的确认与摊销等等。

据经济观察网报道，20 世纪 80 年代中期广场协议以后，泡沫经济盛行，众多日本企业将剩余资金投资于与主营业务并无关系的金融商品，奥林巴斯也参与到了其中。泡沫经济崩溃后，奥林巴斯的这些投资遭受到巨额损失。尽管2000年年初该公司通过财务手段计入了140亿日元损失，但实际损失远远大于这一数字。2008年以后，奥林巴斯先后收购了英国医疗设备制造商Gyrus Group PLC以及其他日本三家企业，但是实际上这些企业价值与收购资金相差甚远，之间的差额主要用于填补20年前的投资亏损。奥林巴斯新任总裁高山修一正式承认，该公司用了超过10亿美元，来掩盖20世纪90年代的投资失利导致的财务损失，并且长期隐瞒公司的投资亏损，利用连续的多宗收购来清理账目。

2004年12月1日，在石油期权交易亏损5.5亿美元后，中航油宣布向法庭申请破产保护令。2003年下半年，中航油公司开始交易石油期权（option），最初涉及200万桶石油。后来，油价不断攀升导致公司潜亏不断加大，公司试图采用延期交割合同和扩大交易量扭亏为盈。但是，遗憾的是，交易最终以巨额损失收场。其实，调查报告显示，中航油采用的期权定价模型存在技术缺陷，因而2003年期末资产负债表上的期权投资的计价存在错误。对于会计师事务所而言，所幸的事，中航油2003年期末持有的期权绝对金额并不大，否则当年的财务报表就会存在重大错报。

注册会计师需要了解的投资与投资活动，例如：

（1）计划实施或近期已实施的并购或资产处置；

（2）证券与贷款的投资和处置；

（3）资本性投资活动；

（4）对未纳入合并范围的实体的投资，包括合伙企业、合营企业和特殊目的实体。

3. 筹资与筹资活动

筹资与筹资活动也可能引起重大错报风险，包括筹资费用的会计处理，利息费用的计算、计提和资本化，融资租赁的会计问题，抵押担保事项的披露。此外，企业面临的筹资压力和筹资协议设定的条件（例如，流动比率）可能转换成实施财务报表舞弊的动机和压力。注册会计师需要了解的筹资与筹资活动，例如：

（1）主要子公司和联营企业（无论是否处于合并范围内）；

（2）债务结构和相关条款，包括资产负债表外融资和租赁安排；

（3）实际受益方（实际受益方是国内的，还是国外的，其商业声誉和经验可能对被审计单位产生的影响）及关联方；

（4）衍生金融工具的使用。

4. 财务报告

注册会计师需要了解被审计单位财务报告事项，例如：

（1）会计政策和行业特定惯例，包括特定行业的重要活动（如银行业的贷款和投资、医药行业的研究与开发活动）；

（2）收入确认惯例；

（3）公允价值会计核算；

（4）外币资产、负债与交易；

（5）异常或复杂交易（包括在有争议或新兴领域的交易）的会计处理（如对以股票为基准的薪酬的会计处理）。

（三）特殊目的实体的性质

特殊目的实体（有时也称特殊目的工具）是指为实现界定清楚的某个具体目标（如进行租赁、金融资产证券化或开展研究与开发活动）而设立的实体。特殊目的实体可能以公司、信托、合伙企业或非公司实体的形式存在。在以某实体的名义建立特殊目的实体的情况下，该实体通常可能将资产转移至特殊目的实体（如作为终止确认涉及金融资产的交易的一部分），获得使用特殊目的实体资产的权利或向其提供服务，而其他方可能为特殊目的实体提供资金。《中国注册会计师审计准则第 1323 号——关联方》应用指南指出，在某些情况下，特殊目的实体可能是被审计单位的关联方。

安然事件是特殊目的实体引起财务报表重大错报的一个绝好的例子。作为世界最大的能源交易商，安然在 2000 年的总收入高达 1010 亿美元，名列《财富》杂志“美国 500 强”的第七名，掌控着美国 20% 的电能和天然气交易。然而，2001 年 11 月 8 日，安然被迫承认做了假账。其手法是，设立了许多不纳入合并范围的合伙公司，并利用这些合伙公司隐瞒了大量的亏损和负债。

财务报告编制基础通常详细规定了可视为“控制”的条件，或在编制合并报表时应当考虑特殊目的实体的情况。理解这些编制基础的要求通常需要详细了解涉及特殊目的实体的相关协议。

（四）被审计单位对会计政策的选择和运用

注册会计师应当根据被审计单位的经营活动，评价会计政策是否适当，并与适用的财务报告编制基础、相关行业使用的会计政策保持一致。

了解被审计单位对会计政策的选择和运用可能包括如下事项：

（1）被审计单位对重大和异常交易的会计处理方法；

（2）在缺乏权威性标准或共识、有争议的或新兴领域采用重要会计政策产生的影响；

（3）会计政策的变更；

（4）新颁布的财务报告准则、法律法规，以及被审计单位何时采用、如何采用这些规定。

(五) 被审计单位的目标、战略以及可能导致重大错报风险的相关经营风险

被审计单位在行业状况、法律环境和监管环境及其他内部和外部因素的背景下开展经营活动。为应对这些因素，管理层或治理层需要确定目标，作为被审计单位的总体规划。战略是管理层为实现目标而采用的方法。被审计单位的目标和战略可能会随着时间而变化。

经营风险，是指可能对被审计单位实现目标和实施战略的能力产生不利影响的重要状况、事项、情况、作为（或不作为）而导致的风险，或由于制定不恰当的目标和战略而导致的风险。

经营风险比财务报表重大错报风险范围更广，并且包括重大错报风险。经营风险可能产生于环境变化或经营的复杂性。未能认识到根据环境的变化作出改变也可能导致经营风险。例如，下列事项可能产生经营风险：

(1) 开发新产品或服务可能失败；

(2) 即使成功开拓了市场，也不足以支持产品或服务；

(3) 产品或服务存在瑕疵，可能导致负债及声誉风险。

由于多数经营风险最终都会产生财务后果，从而影响财务报表，因此了解被审计单位面临的经营风险可以提高识别出重大错报风险的可能性。然而，注册会计师没有责任识别或评估所有的经营风险，因为并非所有的经营风险都会导致重大错报风险。

注册会计师在了解可能导致财务报表重大错报风险的目标、战略及相关经营风险时，可以考虑以下事项：

(1) 行业发展（例如，潜在的相关经营风险可能是被审计单位不具备足以应对行业变化的人力资源和业务专长）；

(2) 开发新产品或提供新服务（例如，潜在的相关经营风险可能是被审计单位产品责任增加）；

(3) 业务扩张（例如，潜在的相关经营风险可能是被审计单位对市场需求的估计不准确）；

(4) 新的会计要求（例如，潜在的相关经营风险可能是被审计单位执行不当或不完整，或会计处理成本增加）；

(5) 监管要求（例如，潜在的相关经营风险可能是被审计单位法律责任增加）；

(6) 本期及未来的融资条件（例如，潜在的相关经营风险可能是被审计单位由于无法满足融资条件而失去融资机会）；

(7) 信息技术的运用（例如，潜在的相关经营风险可能使被审计单位信息系统与业务流程难以融合）；

(8) 实施战略的影响，特别是由此产生的需要运用新的会计要求的影响（例如，潜在的相关经营风险可能是被审计单位执行新要求不当或不完整）。

准则之所以强调经营风险，是因为经营风险与财务报表发生重大错报的风险密切相关。许多经营风险最终都会有财务后果，因而影响到会计报表，进而对审计产生影响。经营风险可能对某类交易、账户余额和披露的认定层次重大错报风险或财务报表层次重大错报风险产生直接影响。例如，因客户群减少产生的经营风险可能增加与应收款项计价相关的重大错报风险。但是，同样的风险，尤其是在经济紧缩时，可能具有更为长期的后果，注册会计师需要在评价运用持续经营假设的适当性时予以考虑。因此，考虑经营风险是否可能导致重大错报风险，要视被审计单位的具体情况而定。再如，宏观经济形势不景气可能对商业银行贷款损失准备产生重大影响，化工企业面临的环境风险可能意味着需要确认或有负债；技术升级风险可能导致企业原有的生产设备和存货发生减值，甚至影响持续经营假设的适当性。更为严重的是，在经营风险引起经营失败时，可能促使被审计单位管理层通过财务报表舞弊加以掩盖。

表 5-1　　经营风险及其对审计的影响

经营风险	风险的来源	对审计可能的影响
竞争者开始延长产品保证期间	竞争者	延长保证承诺可能要求增加预提保证费用
竞争者提高了关键财务和管理人事的薪酬	竞争者	决策和信息处理的可靠性可能下降 人工成本的分配可能需要调整 应计职工福利可能需要增加
由于原材料产地的气候恶劣导致上等原材料发生短缺	供应商	在标准成本计算公式中废料率和损耗率可能上升 可能产生与购买承诺有关的计价问题
顾客所处行业正处于衰退期	购买者	应收账款不能以原账面净值收回，可能需要增加坏账准备
顾客的需求发生变化，需要改进产品的功能和质量	购买者	库存存货可能陈旧和过时，导致可变现净值下降
销售渠道发生改变，从零售店销售到网上销售	购买者	现存的销售渠道可能需要关闭，带来重组成本（资产处置、员工解雇成本）
产品的关键专利即将过期，没有重大的可申请新专利的技术进步	进入市场的新竞争者	对用于生产产品的资产的投资可能无法收回 企业可能无法持续经营
进入市场的新竞争者在技术上领先	进入市场的新竞争者	投资需要计提减值准备

资源来源：W. R. Knechel (1998), Auditing: text and cases, South Western College Publishing, P 99-101

可见，准则在这方面吸取了经营风险导向审计的合理成分。然而，并非所有风险都与企业编制财务报表相关，注册会计师应当重点关注可能影响财务报表的经营风险。

（六）对被审计单位财务业绩的衡量和评价

准则要求了解这方面的内容主要出于两个目的。一是根据舞弊三角理论，舞弊的发生需要三个要件：动机和压力、机会、行为合理化。通过考察被审计单位的业绩考评体系和信用评级机构、外部分析师等的报告，可以了解管理层舞弊的动机或压力，因而与评估因舞弊引起的重大错报风险有关。二是信用评级机构、外部分析师的报告属于外部证据，相对于被审计单位内部产生的审计证据而言，具有更高的可靠性，这些信息可用于分析程序，有助于识别因舞弊引起的重大错报风险。可以说，准则在这方面吸取了经营风险导向审计的合理成分。

被审计单位管理层及其他人员经常衡量和评价其认为重要的事项。无论是内部的还是外部的业绩衡量，都会对被审计单位产生压力。这些压力反过来可能促使管理层采取措施改善经营业绩或歪曲财务报表。因此，了解被审计单位的业绩衡量，有助于注册会计师考虑实现业绩目标的压力是否可能导致管理层采取行动，以致增加财务报表发生重大错报的风险（包括由于舞弊导致的风险）。《中国注册会计师审计准则第 1141 号——财务报表审计中与舞弊相关的责任》及其应用指南对舞弊风险作出了规定并提供了指引。

注册会计师可以考虑的、管理层在衡量和评价财务业绩时使用的内部生成信息举例如下：

（1）关键业绩指标（财务或非财务的）、关键比率、趋势和经营统计数据；

（2）同期财务业绩比较分析；

（3）预算、预测、差异分析，分部信息与分部、部门或其他不同层次的业绩报告；

（4）员工业绩考核与激励性报酬政策；

（5）被审计单位与竞争对手的业绩比较。

外部机构或人员也可能衡量和评价被审计单位的财务业绩。例如，外部信息可能为注册会计师提供有用信息，如分析师报告和信用评级机构报告，这些报告通常可以从被审计单位获取。

内部业绩衡量可能显示未预期到的结果或趋势，需要管理层确定原因并采取纠正措施（包括在某些情况下及时发现并纠正错报）。业绩衡量还可能向注册会计师表明，相关财务报表信息存在错报风险。例如，业绩衡量可能表明，被审计单位与同行业其他实体相比具有异常快速的增长率或盈利水平。这些信息，特别是如果将其与基于业绩的奖金或激励性报酬等其他因素结合考虑，可能表明管理层在编制财务报表时存在偏向的潜在风险。

（七）被审计单位的内部控制

企业在生产经营过程中会面临各种风险。为了防范和化解风险，企业需要设计实施内部控制。就财务报告而言，《会计法》、《证券法》都要求企业提供真实可靠的财务报告。会计政策运用不当、交易确认遗漏、重复或金额不准确，会计估计不当等等都可能导致财务报表出现错报。为了应对财务报告发生错报的风险，企业需要设计和实施财务报告内部控制，以合理保证编制出的财务报告在所有重大方面合乎会计准则的规定，公允反映企业的财务状况、经营成果和现金流量。财务报表重大错报风险由固有风险和控制风险组成。因此，内部控制是降低财务报表重大错报风险的内在机制，如果内部控制设计和运行有效，则控制风险降低，重大错报风险相应降低。相反，内部控制薄弱环节说明了错报可以在此发生。了解内部控制有助于注册会计师识别潜在错报的类型和影响重大错报风险的因素，以及设计进一步审计程序的性质、时间安排和范围。

1. 内部控制的目标

设计、执行和维护内部控制，目的是应对识别出的对被审计单位实现下列目标产生不利影响的经营风险：

（1）财务报告的可靠性，即合理保证企业编制出的财务报告在所有重大方面合乎会计准则的规定，公允反映企业的财务状况、经营成果和现金流量；

（2）经营的效果和效率，即促进企业能够经济有效地使用资源；

（3）遵守适用的法律法规，即合理保证在企业的经营过程中能够遵守应当遵守的法律法规。

2. 对内部控制要素的划分

审计准则基于《内部控制——整合框架》①，将内部控制划分为以下五个要素，为注册会计师考虑内部控制的不同方面如何影响审计提供有用的框架：

（1）控制环境；

（2）风险评估过程；

（3）与财务报告相关的信息系统（包括相关业务流程）与沟通；

---

① COSO于1992年发布的《内部控制——整合框架》对设计、实施和评价内部控制的有效性提供了指导原则，在全球获得了广泛认可和使用。COSO（The Committee of Sponsoring Organizations of the Treadway Commission）是美国五个职业团体在1985年联合发起设立的一个民间组织，当时成立的主要动机是资助“财务报告舞弊研究全国委员会”。“财务报告舞弊研究全国委员会”负责研究导致财务报告舞弊的因素，并对公众公司、会计师事务所、证监会及其他监督机构提出建议。该委员会的首任主席由James S. Treadway担任，因此，又被称“Treadway委员会”。这五个职业团体是美国会计学会、美国注册会计师协会、财务总监协会、内部审计师协会和管理会计师协会。现在COSO致力于通过倡导良好的企业道德和有效的内部控制与公司治理，改进财务报告的质量。

（4）控制活动；

（5）对控制的监督。

《内部控制——整合框架》并不是唯一的可以接受的内部控制框架，其他如我国的内部控制基本规范、加拿大的 CoCo 等也具有等效性。因此，被审计单位并不一定按照《内部控制——整合框架》中的划分方法设计、执行和维护内部控制以及划分特定要素。根据实质重于形式的原则，注册会计师也可以使用不同于审计准则所基于的内部控制框架、要素划分方法或术语说明内部控制的不同方面及其对审计的影响，只要能够涵盖准则所述的所有要素。

3. 了解控制环境

（1）控制环境的含义。控制环境[①]是指内部控制运行的总体环境。控制环境包括治理职能和管理职能，以及治理层和管理层[②]对内部控制及其重要性的态度、认识和行动。控制环境设定了被审计单位的内部控制基调，影响员工的内部控制意识。与控制环境相关的要素可能包括下列方面：

①对诚信和道德价值观的沟通与落实。内部控制是由人设计和执行，全体人员的诚信和道德价值观直接影响控制的设计、执行和监督有效性。因此，营造讲诚信、讲道德、守信用的企业文化，是控制环境的重要因素，也是内部控制有效的前提条件。被审计单位的道德行为规范，以及这些规范如何在被审计单位内部得到沟通和落实，决定了是否能产生诚信和道德的行为。例如，

---

① 即《企业内部控制基本规范》中的“内部环境”。

② 治理层，是指对被审计单位战略方向以及管理层履行经营管理责任负有监督责任的人员或组织。治理层的责任包括对财务报告过程的监督。管理层，是指对被审计单位经营活动的执行负有管理责任的人员。在我国《公司法》架构下，董事会的主要职责是制定战略、进行重大决策、聘任经理并对经营管理活动进行监督；监事会的主要职责是对公司财务以及公司董事、经理的行为进行监督。因此，董事会和监事会属于治理层。以总经理为首的经营团队的主要职责是经营管理，因而属于管理层。

对诚信和道德价值观的落实包括管理层采取措施消除或减少可能导致员工不诚实、不守法或不道德行为的动机或诱因。被审计单位对诚信和道德价值观方面政策的沟通包括通过政策规定、行为规范和示范向员工沟通行为准则。

②对胜任能力的重视。内部控制的设计和执行有效性，还取决于相关人员是否具备履行岗位职责的能力。举例来说，如果企业内部审计人员不具备专业胜任能力，其监督工作就无法有效；同样，执行编制银行存款余额调节表、复核会计估计的合理性等控制的财务人员不具备专业胜任能力，控制就无法起到防止、发现并纠正财务报表错报的作用。管理层对胜任能力的重视，包括管理层对特定工作岗位必备的能力、技能和知识作出界定，并选择适当的人员担任。

③治理层的参与。为了防范企业管理层凌驾于内部控制之上编制虚假财务报告的行为，现代公司治理强调在公司内部引入监督机制，即将治理职能与经营管理职能相分离，并由治理层监督管理层的行为。“编制财务报告一般是企业管理层的责任，其具体工作由管理层领导下的财务会计部门承担。但是，对于财务报告的编制和披露过程，治理层负有监督职责。这种监督职责主要有：审核或监督企业的重大会计政策；审核或监督企业财务报告和披露程序；审核或监督与财务报告相关的企业内部控制；组织和领导企业内部审计；审核和批准企业的财务报告和相关信息披露；聘任和解聘负责企业外部审计的注册会计师并与其进行沟通等。”（引自2006年版《中国注册会计师执业准则指南》）治理层的职责还包括监督以下程序的设计和有效执行：内部举报不恰当行为的程序和用于复核内部控制有效性的程序。治理层的参与力度直接影响财务报表的质量和可靠性。注册会计师可以从以下方面考虑治理层的参与力度：治理层相对于管理层的独立性；治理层的经验与品德；治理层参与被审计单位经营的程度和收到的

信息及其对经营活动的详细检查；治理层采取措施的适当性，包括提出问题的难度和对问题的跟进程度，以及治理层与内部审计人员和注册会计师的互动。

④管理层的理念和经营风格。管理层的理念和经营风格对内部控制的设计和运行有着重要影响。管理层如果行事比较稳健，尊重法律法规和单位内部控制制度，尊重单位会计人员和注册会计师的专业判断，重视财务报表的可靠性，则可利于内部控制。管理层的理念和经营风格包括承担和管理经营风险的方法；对财务报告的态度和措施，包括选择保守还是激进的会计原则以及作出会计估计时所持的谨慎或保守态度；对信息处理、会计职能及人员的态度。

⑤组织结构。组织结构，即被审计单位为实现目标而计划、执行、控制及评价其活动的框架。建立相关的组织结构包括考虑职权和责任的关键领域，以及适当的报告层级。

⑥职权与责任的分配。职权与责任的分配，包括如何分配经营活动的职权与责任，如何建立报告关系和职权等级。职权与责任的分配可能包括与适当的经营惯例、关键员工的知识和经验、履行职责时提供的资源相关的政策。此外，还可能包括一些政策及交流活动，用于保证所有员工均了解被审计单位目标、相互之间的工作联系以及个人的工作对实现目标的作用，认识到如何以及对什么承担责任。

⑦人力资源政策与实务。人力资源政策与实务直接影响企业设计和执行控制人员的素质和积极性，因而也是控制环境的一个重要因素。人力资源政策和实务应达到任人唯贤、鼓励正直诚信的行为的目的。人力资源政策和实务包括与招聘、培训、考核、咨询、晋升、薪酬和补救措施等相关的政策与实务。

人力资源政策与实务通常能显示与被审计单位控制意识相关的重要事项。例如，如果招聘录用标准要求录用最胜任的员工

（即强调教育背景、以前的工作经验、以前取得的成就、诚信和道德行为的证明），则表明被审计单位希望录用有胜任能力并值得信赖的人员。被审计单位的培训政策可以传达预期角色及职责，并包括实务性培训（如培训学校和研讨会），这表明了员工预期的工作表现和行为方式。通过定期业绩考核予以晋升的政策表明被审计单位希望具备相应资格的员工承担更高级别的职责。

（2）控制环境对重大错报风险评估的影响。控制环境的某些要素对重大错报风险评估具有广泛影响。例如，被审计单位的控制意识在很大程度上受治理层影响，因为治理层的职责之一就是平衡管理层面临的与财务报告相关、源于市场需求或薪酬方案的压力。与治理层参与相关的控制环境的设计有效性受下列事项的影响：

①治理层相对于管理层的独立性及评价管理层措施的能力；

②治理层是否了解被审计单位从事的交易；

③治理层对财务报表是否按照适用的财务报告编制基础编制进行评价的程度。

活跃而独立的董事会可能影响高级管理人员的理念和经营风格，其他因素对高级管理人员的影响可能有限。例如，人力资源政策和实务规定招聘具有胜任能力的财务、会计和信息系统人员，这可能降低处理财务信息时出现错误的风险，但是却不能抵消最高管理层高估收益的强烈倾向。

当注册会计师评估重大错报风险时，存在令人满意的控制环境是一个积极的因素。虽然令人满意的控制环境有助于降低舞弊风险，但并不能绝对遏制舞弊。相反，控制环境中存在的缺陷（特别是与舞弊相关的缺陷）可能削弱控制的有效性。例如，管理层没有针对信息系统安全风险投入足够资源，而是允许对系统程序或数据作出不当修改，或允许处理未经授权的交易，这可能对内部控制产生不利影响。如《中国注册会计师审计准则第

1231号——针对评估的重大错报风险采取的应对措施》应用指南所述，控制环境也影响进一步审计程序的性质、时间安排和范围。

但是，控制环境是“软控制”，其本身并不能防止或发现并纠正重大错报。然而，它可能影响注册会计师对其他控制（如对控制的监督和特定控制活动的运行）有效性的评价，进而影响注册会计师对重大错报风险的评估。

因此，1211号准则规定注册会计师应当了解控制环境。作为了解控制环境的一部分，注册会计师应当评价：

①管理层在治理层的监督下，是否营造并保持了诚实守信和合乎道德的文化；

②控制环境总体上的优势是否为内部控制的其他要素奠定了适当的基础，以及这些其他要素是否未被控制环境中存在的缺陷所削弱。

（3）与控制环境要素相关的审计证据。通过将询问和其他风险评估程序相结合（如通过观察或检查文件证实询问），注册会计师可以获取相关审计证据。例如，通过询问管理层和员工，注册会计师可以了解管理层如何向员工传达商业行为惯例和道德行为价值观念。注册会计师可以通过考虑管理层是否建立了书面行为守则以及管理层是否按照支持该守则的方式行事，来确定相关控制是否已得到执行。

4. 了解风险评估过程

内部控制的目标是应对风险。要应对风险，首先得识别和评估风险。因此，风险评估是内部控制的一个要素。被审计单位的风险评估过程为管理层确定需要管理的风险提供了基础。如果这一过程对于具体情况（包括被审计单位的性质、规模和复杂程度）是适当的，则有助于注册会计师识别重大错报风险。

注册会计师应当了解被审计单位是否已建立风险评估过程，

包括：

（1）识别与财务报告目标相关的经营风险；

（2）估计风险的重要性；

（3）评估风险发生的可能性；

（4）决定应对这些风险的措施。

就财务报告的目的而言，被审计单位的风险评估过程包括管理层如何识别与按照适用的财务报告编制基础编制财务报表相关的经营风险，估计其重要性，评估其发生的可能性，针对这些风险采取措施应对和管理风险及其结果。例如，被审计单位的风险评估过程可能针对被审计单位如何考虑交易未被记录的可能性，或识别并分析财务报表中记录的重大估计。

与可靠的财务报告相关的风险包括可能发生的外部和内部事项、交易或情况，这些事项、交易或情况会对被审计单位生成、记录、处理和报告财务报表中与管理层认定相一致的财务数据产生不利影响。管理层可能会制订计划、执行程序或采取措施以解决特定风险，或者出于成本或其他考虑决定接受风险。以下情况可能会产生或改变风险：

（1）监管环境和经营环境的变化。监管环境和经营环境的变化会导致竞争压力的变化以及显著不同的风险。

（2）新员工。新员工可能对内部控制有不同的关注点或认识。

（3）新的或升级的信息系统。信息系统重大、快速的变化会改变与内部控制有关的风险。

（4）快速增长。重要、快速的业务扩张可能使控制难以应对，从而增加了控制失效的风险。

（5）新技术。将新技术运用于生产过程或信息系统可能改变与内部控制相关的风险。

（6）新业务模式、产品或活动。进入新的业务领域和发生新的交易，可能因被审计单位具有较少的经验而带来新的与内部控制相关的风险。

（7）公司重组。重组可能带来裁员和监督及职责分离的变化，可能改变与内部控制相关的风险。

（8）扩张海外经营。在海外扩张或收购海外企业会产生新的并且往往是独特的风险，进而可能影响内部控制，如由于外币交易产生的额外或已变化的风险。

（9）新的会计政策。采用新的会计政策或变更会计政策可能影响财务报表编制过程中的风险。

如果被审计单位已建立风险评估过程，注册会计师应当了解风险评估过程及其结果。

如果识别出管理层未能识别出的重大错报风险，注册会计师应当评价是否存在这类风险，即注册会计师预期被审计单位风险评估过程应当识别出而未识别出的风险。如果存在这类风险，注册会计师应当了解风险评估过程未能识别出的原因，并评价风险评估过程是否适合具体情况，或者确定与风险评估过程相关的内部控制是否存在值得关注的内部控制缺陷。

如果被审计单位未建立风险评估过程，或具有非正式的风险评估过程，注册会计师应当与管理层讨论是否识别出与财务报告目标相关的经营风险以及如何应对这些风险。注册会计师应当评价缺少记录的风险评估过程是否适合具体情况，或确定是否表明存在值得关注的内部控制缺陷。

5. 了解与财务报告相关的信息系统（包括相关业务流程）

良好的内部控制离不开信息系统的支撑。信息系统包括基础设施（实物或硬件部分）、软件、人员、程序及数据。很多信息系统都广泛使用信息技术。信息系统生成信息的质量，影响管理层在管理和控制被审计单位活动时作出恰当的决策以及编制可靠的财务报告的能力。

与财务报告目标相关的信息系统（包括会计系统）由一系列的程序和记录组成。被审计单位设计和建立这些程序和记录旨在：

（1）生成、记录、处理和报告交易（以及事项和情况），以及为相关资产、负债和所有者权益明确受托责任；

（2）解决不正确处理交易的问题，如自动生成暂记账户文件，以及及时按照程序清理暂记项目；

（3）处理并解释凌驾于控制之上或规避控制的情况；

（4）将信息从交易处理系统过入总分类账；

（5）针对除交易以外的事项和情况获取与财务报告相关的信息，如资产的折旧和摊销、应收账款可回收性的改变等；

（6）确保适用的财务报告编制基础规定披露的信息得到收集、记录、处理和汇总，并在财务报表中进行适当报告。

被审计单位的信息系统通常包括使用标准会计分录记录重复发生的交易。例如，在总分类账中记录销售、采购和现金付款，或记录管理层定期作出的会计估计，如对无法收回的应收账款的估计的改变。

被审计单位的财务报告过程还包括使用非标准的会计分录，以记录不重复发生的、异常的交易或调整事项，包括合并调整、业务合并或处置，或非重复发生的估计（如资产减值）。在人工系统的总分类账中，注册会计师可以通过检查分类账、日记账和支持性记录来识别非标准的会计分录。但是，当运用自动化程序记录总分类账和编制财务报表时，这些分录可能只以电子形式存在，因此使用计算机辅助审计技术更易于识别。

被审计单位的业务流程是指旨在实现下列目的的活动：

（1）开发、采购、生产、销售、配送产品和提供服务；

（2）确保遵守法律法规；

（3）记录信息，包括会计和财务报告信息。

业务流程产生的交易由信息系统记录、处理和报告。了解被审计单位的业务流程（包括交易产生的方式），有助于注册会计师以适合被审计单位具体情况的方式了解与财务报告相关的信息系统。

注册会计师应当从下列方面了解与财务报告相关的信息系统（包括相关业务流程）：

（1）在被审计单位经营过程中，对财务报表具有重大影响的各类交易；

（2）在信息技术和人工系统中，被审计单位的交易生成、记录、处理、必要的更正、结转至总账以及在财务报表中报告的程序；

（3）用以生成、记录、处理和报告（包括纠正不正确的信息以及信息如何结转至总账）交易的会计记录、支持性信息和财务报表中的特定账户；

（4）被审计单位的信息系统如何获取除交易以外的对财务报表重大的事项和情况；

（5）用于编制被审计单位财务报表（包括作出的重大会计估计和披露）的财务报告过程；

（6）与会计分录相关的控制，这些分录包括用以记录非经常性的、异常的交易或调整的非标准会计分录。

6. 了解与财务报告相关的沟通

被审计单位就财务报告的角色与职责以及与财务报告相关的重大事项的沟通，涉及使员工了解在财务报告内部控制方面各自的角色和职责。这包括使员工了解其在财务报告信息系统中的活动与其他员工工作的联系的程度，以及向适当的更高层级的管理层报告例外事项的方式。沟通可以采用政策手册、财务报告手册等形式。公开的沟通渠道有助于确保例外事项得到报告并有应对措施。

注册会计师应当了解被审计单位如何沟通与财务报告相关的人员的角色和职责以及与财务报告相关的重大事项。这种沟通包括：

（1）管理层与治理层之间的沟通；

（2）外部沟通，如与监管机构的沟通。

7. 控制活动

控制活动是指有助于确保管理层的指令得以执行的政策和程序。控制活动与风险评估要素紧密相关。其存在正是为了对识别的风险予以防范和化解。控制活动（不管存在于信息系统还是人工系统中）具有各种不同的目标，运用于各种不同的组织和职能层级中。控制活动包括与下列业务相关的活动：

（1）授权。授权对批准交易或业务活动的权力进行明确界定。审批是被授权者在职责范围内对交易或业务行动进行批准。例如，根据公司的信用政策对赊销进行审批。非常规交易（如重大收购或撤资）可能需要特定的高级别的批准，包括在某些情况下由股东批准。

（2）业绩评价。这些控制活动包括被审计单位分析及评价实际业绩与预算、预测和前期业绩的差异，将不同类别的数据（经营或财务数据）联系起来，分析之间的关系，进行调查并采取纠正措施；将内部数据与外部信息相比较；评价职能部门、项目活动的业绩。

（3）信息处理。信息系统控制活动的两大类是应用控制和信息技术一般控制。应用控制运用于处理单个应用程序，信息技术一般控制是与多个应用程序相关的政策和程序，通过保证信息系统持续恰当地运行，支持应用控制作用的有效发挥。应用控制的举例包括对记录计算准确性的检查，对账户和试算平衡表的维护和审核，自动控制（如设置对输入数据和数字序号的自动检查）以及对例外报告的人工跟进调查。信息技术一般控制的举例包括程序变动控制、限制接触程序或数据的控制、对实施新发布的软件包应用程序的控制、针对限制接触或监督使用系统应用程序的系统软件的控制，使用这些系统应用程序可能更改财务数据或记录而不留下审计轨迹。

（4）实物控制。实物控制包括下列控制：

① 保证资产的实物安全，包括恰当的安全保护措施，如针对接触资产和记录的安全设施；

②对接触计算机程序和数据文档设置授权；

③定期盘点并将盘点记录与控制记录相核对（如将会计记录与现金、有价证券和存货的定期盘点结果相比较）。

旨在防止资产盗窃的实物控制，与财务报表编制的可靠性及审计相关，相关的程度取决于资产被侵占的风险。

（5）职责分离。职责分离即将交易授权、记录交易以及资产保管等职责分配给不同员工。职责分离旨在降低同一员工在正常履行职责过程中实施并隐瞒舞弊或错误的可能性。

注册会计师应当了解与审计相关的控制活动。与审计相关的控制活动，是注册会计师为评估认定层次重大错报风险并设计进一步审计程序应对评估的风险而认为有必要了解的控制活动。与审计相关的控制活动包括：

（1）与特别风险相关的控制活动，以及与仅通过实质性程序无法获取充分、适当的审计证据的风险相关的控制活动。了解这类控制活动是1211号准则第三十二条和第三十三条的特别规定。

（2）注册会计师运用职业判断认为相关的控制活动。

注册会计师判断一项控制活动是否与审计相关，受以下两个因素的影响：

（1）注册会计师识别出的可能导致重大错报的风险；

(2) 在确定实质性程序的范围时，注册会计师认为测试控制运行的有效性是否适当。

注册会计师的工作重点是识别和了解具有较高重大错报风险的领域的控制活动。这一点与以前的制度基础审计有所不同，注册会计师基于重大错报风险识别控制活动，而不是全面地、没有重点地识别控制活动。审计并不要求了解与财务报表中每类重大交易、账户余额和披露或与其每项认定相关的所有控制活动。如果多项控制活动能够实现同一目标，注册会计师不必了解与该目标相关的每项控制活动。

注册会计师通过了解内部控制其他要素获取的关于控制活动是否存在的信息，有助于其确定是否有必要对控制活动进行更多的了解。

可见，了解控制活动有一定的选择性。在很大程度上，是否了解控制活动与注册会计师针对某一重大错报风险或认定的审计策略（即是否依赖内部控制）有关。对小企业财务报表审计，注册会计师可能对绝大多数认定采用采用实质性方案，因而了解控制活动的范围较小。

8. 了解对控制的监督

(1) 一般要求。管理层的一项重要职责就是持续不断地建立和维护控制。对控制的监督是指被审计单位评价内部控制在一段时间内运行有效性的过程。对控制的监督涉及及时评估控制的有效性并采取必要的补救措施。管理层对控制的监督包括考虑控制是否按计划运行，以及控制是否根据情况的变化作出恰当修改。例如，对控制的监督可能包括管理层对是否及时编制银行存款余额调节表进行复核，内部审计人员评价销售人员是否遵守被审计单位关于销售合同条款的政策，法律部门监控被审计单位的道德规范和商业行为政策是否得到遵守等。监督也用于保证控制持续有效地运行。例如，如果没有对编制银行存款余额调节表的及时性和准确性进行监督，相关人员可能停止编制该表。管理层通过持续的监督活动、单独的评价活动或两者相结合实现对控制的监督。持续的监督活动通常贯穿于被审计单位日常重复的活动中，包括常规管理和监督工作。

注册会计师应当了解被审计单位用于监督与财务报告相关的内部控制的主要活动，包括了解针对与审计相关的控制活动的监督，以及被审计单位如何对控制缺陷采取补救措施。

（2）内部审计。如果被审计单位设有内部审计，则了解其职能有助于注册会计师了解被审计单位及其环境，包括内部控制，尤其是内部审计在监督被审计单位财务报告内部控制方面所起的作用。这些信息，连同注册会计师对内部审计人员询问所获取的信息，与注册会计师识别和评估财务报表重大错报风险有直接关系。

各种实体内部审计的目标、职责范围以及其在组织中的地位及所承担的责任都各不相同，取决于实体的规模和结构、管理层和适当的治理层（如适用）的要求。如果内部审计的职责包括执行程序并评价其结果，以向管理层和治理层提供合理保证，保证风险管理、内部控制、治理程序的设计和运行的有效性，则内部审计在被审计单位监督与财务报告内部控制方面可能起重要作用。相反，如果内部审计的职责主要是检查经营活动的经济性、效率性和有效性，则内部审计工作可能与财务报告没有直接关系。

如果被审计单位设有内部审计，注册会计师应当了解下列事项，以确定内部审计是否可能与审计相关：

①内部审计的职能范围以及内部审计在被审计单位组织结构中的地位和作用；

②内部审计已实施或拟实施的活动。

如果被审计单位内部审计的职责和活动与财务报告相关，并且注册会计师预期利用内部审计人员的工作，以修改拟实施审计程序的性质或时间安排或者缩小拟实施审计程序的范围，则内部审计可能与审计相关。如果注册会计师确定内部审计与审计相关，则《中国注册会计师审计准则第1411号——利用内部审计人员的工作》适用。

（3）信息来源。监督活动中使用的很多信息可能由被审计单位的信息系统产生。如果管理层假定用于监督的数据是准确的而这一假定没有依据，则这些信息可能存在错误，导致管理层从监督活动中得出不正确的结论。因此，注册会计师应当了解被审计单位监督活动所使用信息的来源，以及管理层认为信息对于实现目的足够可靠的依据。注册会计师需要了解以下事项，并将其作为了解被审计单位监督活动（内部控制要素）的一部分：

①与被审计单位监督活动相关的信息来源；

②管理层认为对于信息的使用目的足够可靠的依据。

监督活动可能包括利用与外部有关机构或人员沟通所获取的信息，这些外部信息可能显示内部控制存在的问题或需要改进的领域。例如，客户通过付款来间接表示其同意发票金额，或者对发票金额提出异议。此外，监管机构可能会对影响内部控制运行的问题与被审计单位沟通（例如，银行监管机构针对检查所作的沟通）。在执行监督活动时，管理层也可能考虑与注册会计师就内部控制进行沟通。

9. 与审计相关的控制

注册会计师应当了解与审计相关的内部控制。虽然大部分与审计相关的控制可能与财务报告相关，但并非所有与财务报告相关的控制都与审计相关。确定一项控制单独或连同其他控制是否与审计相关，需要注册会计师作出职业判断。

被审计单位的目标与为实现目标提供合理保证的控制之间存在直接关系。被审计单位的目标和控制，与财务报告、经营及合规有关。但这些目标和控制并非都与注册会计师的风险评估相关。

注册会计师在判断一项控制单独或连同其他控制是否与审计相关时可能考虑下列事项：

（1）重要性；

（2）相关风险的重要程度；

（3）被审计单位的规模；

（4）被审计单位业务的性质，包括组织结构和所有权特征；

（5）被审计单位经营的多样性和复杂性；

（6）适用的法律法规；

（7）内部控制的情况和适用的要素；

（8）作为内部控制组成部分的系统（包括使用服务机构）的性质和复杂性；

（9）一项特定控制（单独或连同其他控制）是否以及如何防止或发现并纠正重大错报。

如果在设计和实施进一步审计程序时拟利用被审计单位内部生成的信息，针对该信息完整性和准确性的控制可能与审计相关。如果与经营和合规目标相关的控制与注册会计师实施审计程序时评价或使用的数据相关，则这些控制也可能与审计相关。

用以防止未经授权购买、使用或处置资产的内部控制，可能包括与财务报告和经营目标相关的控制。注册会计师对这些控制的考虑通常仅限于与财务报告可靠性相关的控制。

被审计单位通常有一些与目标相关但与审计无关的控制，注册会计师无需对其加以考虑。例如，被审计单位可能依靠某一复杂的自动化控制提高经营活动的效率和效果（如航空公司用于维护航班时间表的自动化控制系统），但这些控制通常与审计无关。进一步讲，虽然内部控制应用于整个被审计单位或所有经营部门或业务流程，但是了解与每个经营部门和业务流程相关的内部控制，可能与审计无关。

10. 对相关控制了解的性质和程度

评价控制的设计，涉及考虑该控制单独或连同其他控制是否能够有效防止或发现并纠正重大错报。控制得到执行是指某项控制存在且被审计单位正在使用。评估一项无效控制的运行没有什么意义，因此首先需要考虑控制的设计。设计不当的控制可能表明存在值得关注的内部控制缺陷。

除非存在某些可以使控制得到一贯运行的自动化控制，否则注册会计师对控制的了解并不足以测试控制运行的有效性。例如，某一人工控制在某一时点得到执行的审计证据，并不能提供该控制在所审计期间内的其他时点也有效运行的证据。但是，由于信息技术处理流程的内在一贯性，实施审计程序确定某项自动化控制是否得到执行，也可以实现对控制运行有效性测试的目标，这取决于注册会计师对控制（如针对程序变更的控制）的评估和测试。1231 号准则对控制运行有效性的测试作出了规定并提供了指引。

11. 了解内部控制的程序

用以获取有关控制设计和执行的审计证据的风险评估程序可能包括：

（1）询问被审计单位人员。注册会计师通过向被审计单位有关人员进行询问以取得与内部控制相关的信息。例如，询问某项控制在制度上是如何规定的，实际上是如何执行的，遇到例外情况是如何处理的，等等。

（2）观察特定控制的运用。观察是了解运行不留下书面记录的控制的有效方法。例如，观察与职责分离相关的控制是否按规定执行，查看仓库门是否锁好，或空白支票是否妥善保管。

（3）检查文件和报告。检查是指注册会计师了解运行留下书面证据的控制的有效方法。例如，查阅被审计单位内部控制手册，检查凭证审核后留下的签名等等。

（4）追踪交易在财务报告信息系统中的处理过程（穿行测试）。穿行测试是一种评价控制设计有效性的有效方法。穿行测试是指追踪某笔交易从发生到最终被反映在财务报表中的整个处理过程。通过穿行测试，注册会计师可以实现以下目标：

①了解与相关认定有关的交易的处理流程，包括这些交易如何生成、批准、处理及记录；

②验证注册会计师识别出的业务流程中可能发生重大错报（包括由于舞弊导致的错报）的环节；

③识别被审计单位用于应对这些错报或潜在错报的控制；

④识别被审计单位用于及时防止或发现并纠正未经授权的、导致重大错报的资产取得、使用或处置的控制。

注册会计师在实施穿行测试时往往综合运用询问、观察、检查相关文件记录和重新执行。

在了解与审计相关的控制时，注册会计师应当综合运用询问被审计单位内部人员和其他程序，以评价这些控制的设计并确定其是否得到执行。

二、风险评估程序和相关活动

了解被审计单位及其环境（以下简称“了解被审计单位”）是一个连续和动态地收集、更新与分析信息的过程，贯穿于整个审计过程的始终。注册会计师为了解被审计单位及其环境，以识别和评估财务报表层次和认定层次的重大错报风险（无论该错报由于舞弊或错误导致）而实施的审计程序，即为风险评估程序。

（一）风险评估程序

注册会计师应当实施风险评估程序，为识别和评估财务报表层次和认定层次的重大错报风险提供基础。风险评估程序应当包括以下内容。

1. 询问管理层以及被审计单位内部其他人员

注册会计师通过询问获取的大部分信息来自于管理层和负责财务报告的人员。注册会计师也可以通过询问被审计单位内部的其他不同层级的人员获取信息，或为识别重大错报风险提供不同的视角。例如：

（1）直接询问治理层，可能有助于注册会计师了解编制财务报表的环境；

（2）直接询问内部审计人员，可能有助于获取有关以下事项的信息：本年度针对被审计单位内部控制设计和运行有效性而实施的内部审计程序，以及管理层是否根据实施这些程序的结果采取了适当的应对措施；

（3）询问参与生成、处理或记录复杂或异常交易的员工，可能有助于注册会计师评价被审计单位选择和运用某项会计政策的恰当性；

（4）直接询问内部法律顾问，可能有助于注册会计师了解有关信息，如诉讼、遵守法律法规的情况、影响被审计单位的舞弊或舞弊嫌疑、产品保证、售后责任、与业务合作伙伴的安排（如合营企业）和合同条款的含义等；

（5）直接询问营销或销售人员，可能有助于注册会计师了解被审计单位营销策略的变化、销售趋势或与客户的合同安排。

需要询问的被审计单位内部其他人员，是注册会计师根据判断认为可能拥有某些信息的人员，这些信息有助于识别由于舞弊或错误导致的重大错报风险。

2. 分析程序

注册会计师将分析程序用作风险评估程序，可能有助于识别未注意到的被审计单位的情况，并可能有助于评估重大错报风险，以为针对评估的风险设计和实施应对措施提供基础。注册会计师实施分析程序可以使用财务信息和非财务信息，如销售额与卖场的面积或已出售商品数量之间的关系。

注册会计师实施分析程序可能有助于识别异常的交易或事项，以及对审计产生影响的金额、比率和趋势。识别出的异常或未预期到的关系可以帮助注册会计师识别重大错报风险，特别是由于舞弊导致的重大错报风险。

当分析程序使用高度汇总的数据时（作为风险评估程序的分析程序可能存在这种情况），实施分析程序的结果可能仅初步显示是否存在重大错报。在这种情况下，将分析程序的结果与识别重大错报风险时获取的其他信息一并考虑，可以帮助注册会计师了解并评价分析程序的结果。

1999—2000 年，“银广夏”公司通过伪造购销合同、出口报关单、免税文件、金融票据以及虚开增值税发票手段，虚构巨额利润 7.45 亿元。深圳中天勤会计师事务所因出具了严重失实的审计报告，被吊销执业许可证。其实，通过分析程序，可发现“银广夏”的财务报表存在诸多严重异常。一是与其产能相比，其产量不可能；二是与国内外市场价格相比，其产品价格不可能；三是与同行业其他企业相比，其投入产出比率和毛利率高得离奇；四是水电费和运输费用等与产量联动的费用没有与产量保持同步上升。

3. 观察和检查

观察和检查程序可以支持对管理层和其他相关人员的询问结果，并可以提供有关被审计单位及其环境的信息。这些审计程序的举例包括观察或检查下列事项：

（1）被审计单位的经营活动；

（2）文件（如经营计划和策略）、记录和内部控制手册；

（3）管理层编制的报告（如季度管理层报告和中期财务报告）和治理层编制的报告（如董事会会议纪要）；

(4) 被审计单位的生产经营场所和厂房设备。

虽然注册会计师在了解被审计单位的过程中需要实施上述所有风险评估程序，但无需在了解每个方面时都实施所有的风险评估程序。当拟获取的信息有助于识别重大错报风险时，注册会计师也可以执行其他程序，例如：

(1) 查阅从外部来源获取的信息，如贸易与经济方面的期刊，分析师、银行或评级机构的报告，法规或金融出版物等；

(2) 询问被审计单位聘请的外部法律顾问或评估专家。

(二) 利用以前期间获取的信息

注册会计师以往与被审计单位交往的经验以及以前审计中实施的审计程序可以为注册会计师提供有关下列事项的信息：

(1) 以往的错报情况以及错报是否得到及时更正；

(2) 被审计单位及其环境的性质、被审计单位的内部控制(包括内部控制缺陷)；

(3) 自上期以来被审计单位或其经营活动可能发生的重大变化，这些变化可以帮助注册会计师对被审计单位获取充分的了解，以识别和评估重大错报风险。

如果拟将以前期间获取的信息用于本期审计，注册会计师需要确定这些信息是否仍然相关。这是因为信息的变化（如控制环境的变化）可能影响上期所获取信息的相关性。为了确定影响这些信息相关性的变化是否已经发生，注册会计师可以询问并实施其他恰当的审计程序，如对相关系统进行穿行测试。

(三) 组织项目组讨论

项目组内部关于财务报表发生重大错报可能性的讨论可以：

(1) 使经验较丰富的项目组成员（包括项目合伙人）有机会分享其根据对被审计单位的了解形成的见解；

（2）使项目组成员能够讨论被审计单位面临的经营风险、财务报表容易发生错报的领域以及发生错报的方式，特别是由于舞弊或错误导致重大错报的可能性；

（3）帮助项目组成员更好地了解在各自负责的领域中潜在的财务报表重大错报，并了解各自实施的审计程序的结果可能如何影响审计的其他方面，包括对确定进一步审计程序的性质、时间安排和范围的影响；

（4）为项目组成员交流和分享在审计过程中获取的、可能影响重大错报风险评估结果或应对这些风险的审计程序的新信息提供基础。

项目合伙人和项目组其他关键成员应当讨论被审计单位财务报表存在重大错报的可能性，以及如何根据被审计单位的具体情况运用适用的财务报告编制基础。项目合伙人应当确定向未参与讨论的项目组成员通报哪些事项。所有成员都参与到一项讨论中，并非总是必要和可行的（如在跨地区审计中），将讨论中作出的全部决定告知项目组所有成员也不总是必要的。项目合伙人可以与项目组关键成员（包括专家和负责组成部分审计的人员，如认为适当）进行讨论，而在考虑整个项目组中必要的沟通范围后，可以委派代表与其他人员进行讨论。在这种情况下，经项目合伙人同意的沟通计划可能是有用的。

（四）考虑其他信息

注册会计师应当考虑在客户接受或保持过程中获取的信息是否与识别重大错报风险相关。如果项目合伙人已为被审计单位执行了其他业务，项目合伙人应当考虑所获取的信息是否与识别重大错报风险相关。

注册会计师需要运用职业判断确定所要求了解的程度。注册会计师的主要考虑是获取的了解是否足以实现1211号准则设定的目标。当然，要求注册会计师对被审计单位获取的总体了解的程度，要低于管理层在管理被审计单位时所获取的了解的程度。此外，需要评估的风险包括由于舞弊导致的风险，也包括由于错误导致的风险，1211 号准则涉及这两类风险。但是，由于舞弊非常重大，针对为获取用于识别由于舞弊导致的重大错报风险的信息所实施的风险评估程序和相关活动，《中国注册会计师审计准则第 1141 号——财务报表审计中与舞弊相关的责任》（以下简称“1141 号准则”）及其应用指南提出了进一步要求并提供了指引。

三、识别和评估重大错报风险

（一）识别和评估重大错报风险的基本要求

实施风险评估程序了解被审计单位及其环境本身并不是注册会计师的目的，识别和评估财务报表重大错报风险才是最终目的。因此，1211 号准则第二十八条规定：

注册会计师应当在下列两个层次识别和评估重大错报风险，为设计和实施进一步审计提供基础：

（1）财务报表层次；

（2）各类交易、账户余额和披露的认定层次。

通过实施风险评估程序收集的信息，包括在评价控制的设计及确定其是否得到执行时获取的审计证据，可以作为支持风险评估结果的审计证据。风险评估结果决定了拟实施的进一步审计程序的性质、时间安排和范围。需要强调的是，风险评估程序本身并不能为形成审计意见提供充分、适当的审计证据。

在识别和评估重大错报风险时，注册会计师应当实施下列审计程序：

1. 在了解被审计单位及其环境（包括与风险相关的控制）的整个过程中，结合对财务报表中各类交易、账户余额和披露的考虑，识别风险。

1211号准则要求注册会计师通过两种途径识别风险。一是注册会计师通过了解被审计单位及其环境，识别风险。例如，注册会计师通过询问销售人员，得知被审计单位迫于竞争的压力，延长了产品质量保证期。从中，注册会计师可能识别出产品保证负债可能低估的风险。二是有些类别的交易、账户余额和披露本身就蕴含着重大错报风险，注册会计师考虑这些交易、账户和披露本身的特点就可能识别出重大错报风险。例如，货币资金等高价值、易被侵占的资产，其存在性认定可能出现错报，而对一些涉及复杂计算过程的会计估计，其计价与分摊认定可能出现错报。

2. 评估识别出的风险，并评价其是否更广泛地与财务报表整体相关，进而潜在地影响多项认定。

准则要求注册会计师界定识别出的风险是属于财务报表层次重大错报风险，还是认定层次重大错报风险。

3. 结合对拟测试的相关控制的考虑，将识别出的风险与认定层次可能发生错报的领域相联系。

对于认定层次的风险，注册会计师应当将其与具体的认定相对应。例如，被审计单位改变信用政策，可能导致应收账款的计价认定发生错报；被审计单位发生重大环境事件，可能导致预计负债的完整性认定发生错报。

在进行风险评估时，注册会计师可能识别出可以防止或发现并纠正特定认定的重大错报的控制。一般而言，了解这些控制，并在控制所在的流程和系统中将这些控制与认定相联系，是很有帮助的，因为单个控制活动本身往往并不足以应对风险。通常只有多个控制活动，连同内部控制的其他要素，才能足以应对风险。

相反地，某些控制活动可能对特定类别的交易或账户余额所包含的个别认定具有特定影响。例如，被审计单位建立的用以确保员工能够适当地盘点和记录年度实物存货的控制活动，与存货账户余额的存在和完整性认定直接相关。

控制可能与某一认定直接相关，也可能与某一认定间接相关。关系越间接，控制在防止或发现并纠正该认定中错报的有效性越小。例如，销售经理对分地区的销售网点的销售汇总情况进行复核，与销售收入完整性的认定只是间接相关。相应地，该项控制在降低销售收入完整性认定中的错报风险方面的效果，要比与该认定直接相关的控制（例如，将发货单与开具的销售发票相核对）的效果差。

表 5－2　与销售交易相关的错报风险及控制活动示例表

错报风险	内部控制
登记入账的销售交易可能是虚假的（发生）	销售交易是以经过审核的发运凭证及经过批准的客户订购单为依据登记入账的。 在发货前，客户的赊购已经被授权批准。 每月向客户寄送对账单，对客户提出的意见作专门追查。
销售交易没有登记入账（完整性）	发运凭证（或提货单）均经事先编号并已经登记入账。 销售发票均经事先编号，并已登记入账。
登记入账的销售数量不准确，开具的账单发生错误（计价和分摊）	销售价格、付款条件、运费和销售折扣的确定已经适当的授权批准。 将仓库发运的数量与确认销售的数量定期进行核对。 由独立人员对销售发票的编制作内部核查。
销售交易的分类不当（分类）	采用适当的会计科目表。 内部复核和核查。
销售交易记录不及时（截止）	采用尽量能在销售发生时开具收款账单和登记入账的控制方法。 每月末由独立人员对销售部门的销售记录、发运部门的发运记录和财务部门的销售交易入账情况作内部核查。

（资料来源：Arens，A. A.，Elder，R. J. and Beasley M. S（2006）P 420）

4. 考虑发生错报的可能性（包括发生多项错报的可能性），以及潜在错报的重大程度是否足以导致重大错报。

在评估风险时，1211 号准则要求注册会计师考虑两个方面：一是错报发生的可能性，当然，并不要求注册会计师将可能性予以量化为某一百分比；二是错报的重大程度，即错报的可能金额大小。

（二）特别风险

1. 特别风险的界定

特别风险，是指注册会计师识别和评估的、根据判断认为需要特别考虑的重大错报风险。特别风险需要特别处理，是审计的重点。从重大错报风险中将特别风险单列，进一步体现了风险导向审计的要求。在判断哪些风险是特别风险时，注册会计师应当至少考虑下列方面：

（1）风险是否属于舞弊风险，由于舞弊导致的重大错报风险属于特别风险，1141 号准则对识别和评估由于舞弊导致的重大错报风险作出了规定；

（2）风险是否与近期经济环境、会计处理方法或其他方面的重大变化相关，因而需要特别关注；

（3）交易的复杂程度；

（4）风险是否涉及重大的关联方交易；

（5）财务信息计量的主观程度，特别是计量结果是否具有高度不确定性；

（6）风险是否涉及异常或超出正常经营过程的重大交易。

特别风险通常与重大的非常规交易和判断事项有关。非常规交易是指由于金额或性质异常而不经常发生的交易。判断事项可能包括作出的会计估计（具有计量的重大不确定性）。经过系统处理的日常、简单的交易不太可能产生特别风险。

对由于如下事项导致的重大非常规交易，重大错报风险可能更高：

（1）管理层更多地干预会计处理；

（2）对数据的收集和处理进行更多的人工干预；

（3）复杂的计算或会计处理方法；

（4）非常规交易的性质可能使被审计单位难以对由此产生的风险实施有效控制。

对由于如下事项导致的需要作出会计估计的重大判断事项，重大错报风险可能更高：

（1）对涉及会计估计、收入确认等方面的会计原则存在不同的理解；

（2）所要求的判断可能是主观或复杂的，或需要对未来事项的影响作出假设，如对公允价值的判断。

注册会计师应当根据职业判断，确定识别出的风险是否为特别风险。在进行判断时，注册会计师不应考虑识别出的控制对相关风险的抵消效果。相反，如果注册会计师考虑了识别出的控制对相关风险的抵消效果，将导致注册会计师识别出的特别风险范围变小，进而导致对特别风险的应对可能不充分。

2. 了解与特别风险相关的控制

如果认为存在特别风险，注册会计师应当了解被审计单位与该风险相关的控制（包括控制活动）。

虽然与重大非常规交易或判断事项相关的风险通常很少受到日常控制的约束，管理层可能采取其他措施应对此类风险。相应地，注册会计师在了解被审计单位是否设计和执行了针对非常规交易或判断事项导致的特别风险的控制时，通常了解管理层是否以及如何应对这些风险。管理层采取的应对措施可能包括：

（1）控制活动，如高级管理人员或专家对假设进行检查；

（2）对估计流程作出记录；

（3）治理层作出批准。

如果发生诸如收到重大诉讼事项的通知等一次性事件，注册会计师在考虑被审计单位的应对措施时，关注的事项包括：被审计单位是否已将这类事项提交适当的专家（如内部或外部的法律顾问）处理，是否已对该事项的潜在影响作出评估，如何建议将该情况在财务报表中进行披露。

在某些情况下，管理层可能未能通过实施针对特别风险的控制恰当应对特别风险。管理层未能实施这些控制表明存在值得关注的内部控制缺陷。

（三）仅通过实质性程序无法应对的风险

对于某些风险，注册会计师可能认为仅从实质性程序中获取充分、适当的审计证据是不可能或不可行的。这些风险可能与对日常和重大类别的交易或账户余额作出的不准确或不完整的记录相关，对这些交易或账户余额通常可以采用高度自动化处理，不存在或存在很少人工干预。

重大错报风险可能与记录日常交易或账户余额以及编制可靠的财务报表直接相关。这些风险可能包括对日常和重大类别的交易（如被审计单位的收入、采购、现金收入或现金支出）处理不准确或不完整的风险。

如果日常交易由高度自动化处理，不存在或存在很少人工干预，针对风险仅实施实质性程序可能不可行。例如，如果被审计单位大量信息在一体化的系统中仅以电子方式生成、记录、处理或报告，注册会计师可能认为会出现以上情况。在这种情况下：

（1）获取的审计证据可能仅以电子形式存在，其充分性和适当性通常取决于针对准确性和完整性的控制的有效性；

（2）如果适当的控制没有正在有效运行，信息不当生成或对信息进行不当修改而没有被发现的可能性会增加。

在这种情况下，被审计单位针对这类风险建立的控制与审计相关，注册会计师应当了解这些控制。1231 号准则说明了识别出这些风险对进一步审计程序的影响。

（四）风险评估结果的更新和修正

注册会计师对认定层次重大错报风险的评估，可能随着审计过程中不断获取审计证据而作出相应的变化。

在审计过程中，注册会计师可能注意到某些信息，其明显不同于风险评估所依据的信息。例如，风险评估可能基于预期特定控制运行有效这一判断，但在测试控制运行的有效性时，注册会计师获取的证据可能表明这些控制在被审计期间的相关时点并未有效运行。类似地，在实施实质性程序时，注册会计师可能发现错报的金额或频率高于在风险评估时预计的金额或频率。在这种情况下，风险评估可能没有恰当地反映被审计单位的真实状况，原计划的进一步审计程序对于发现重大错报可能无效。1231 号准则及其应用指南对此作出了进一步规定并提供了进一步指引。

如果实施进一步审计程序获取的审计证据，或获取的新信息，与注册会计师之前作出评估所依据的审计证据不一致，注册会计师应当修正风险评估结果，并相应修改原计划实施的进一步审计程序。

四、审计工作底稿

1211 号准则规定，注册会计师应当就下列事项形成审计工作底稿：

（1）项目组进行的讨论以及得出的重要结论；

（2）对被审计单位及其环境各个方面的了解要点、对内部控制各项要素的了解要点，获取上述了解的信息来源，以及实施的风险评估程序；

（3）在财务报表层次和认定层次识别和评估的重大错报风险；

（4）识别出的特别风险和仅通过实质性程序无法应对的风险及了解的相关控制。

注册会计师需要运用职业判断，确定对1211号准则第三十五条规定的事项进行记录的方式。例如，在小型被审计单位的审计中，这些事项的工作底稿可能包含在总体审计策略和具体审计计划的工作底稿中。类似地，风险评估的结果可以单独予以记录，也可作为注册会计师对进一步审计程序记录的一部分。审计工作底稿的形式和范围受被审计单位性质、规模、复杂程度、内部控制、被审计单位信息的可获得性，以及审计过程中使用的审计方法和技术的影响。

对于与财务报告相关的业务和流程不太复杂的被审计单位，审计工作底稿可以形式简单，内容相对概括。注册会计师没有必要记录对被审计单位及相关事项了解的所有内容。注册会计师记录的了解的关键要素包括在重大错报风险评估时所依据的内容。

记录的范围也能反映审计项目组成员的经验与胜任能力。只要能够满足《中国注册会计师审计准则第1131号——审计工作底稿》的要求，由经验较少的成员组成的项目组执行审计时，可能需要比成员经验较多的项目组作出更加详细的记录，以帮助经验较少的成员恰当了解被审计单位。

对于连续审计，某些工作底稿在必要时可能需要结转、更新，以反映被审计单位业务或流程的变化。

第三节 1231号准则解析

1231准则规范注册会计师如何应对识别的两个层次重大错

报风险，它要求注册会计师针对财务报表层次重大错报风险，实施总体应对措施；要求注册会计师针对认定层次的重大错报风险，通过调整进一步审计程序的性质、时间和范围加以应对。因此，注册会计师的目标是：针对评估的重大错报风险，通过设计和实施恰当的应对措施，获取充分、适当的审计证据。

一、财务报表层次重大错报风险的应对

注册会计师应当针对评估的财务报表层次重大错报风险，设计和实施总体应对措施。针对评估的财务报表层次重大错报风险的总体应对措施可能包括以下五种。

（一）向项目组强调保持职业怀疑的必要性

保持职业怀疑十分必要，项目合伙人应当向项目组成员充分强调这一点。美国和加拿大等国的监管机构在调查“中国概念股”事件后得出结论，注册会计师缺乏职业怀疑是导致审计失败的主要原因之一。职业怀疑，是指注册会计师执行审计业务的一种态度，包括采取质疑的思维方式，对可能表明由于错误或舞弊导致错报的迹象保持警觉，以及对审计证据进行审慎评价。

职业怀疑要求对诸如下列情形保持警觉：

（1）存在相互矛盾的审计证据；

（2）引起对作为审计证据的文件记录和对询问的答复的可靠性产生怀疑的信息；

（3）表明可能存在舞弊的情况；

（4）表明需要实施除审计准则规定外的其他审计程序的情形。

注册会计师有必要在整个审计过程中保持职业怀疑，以降低下列风险：

（1）忽视异常的情形；

（2）当从审计观察中得出审计结论时过度推而广之；

（3）在确定审计程序的性质、时间安排和范围以及评价审计结果时使用不恰当的假设。

职业怀疑对于审慎评价审计证据是必要的。审慎评价审计证据包括质疑相互矛盾的审计证据、文件记录和对询问的答复以及从管理层和治理层获得的其他信息的可靠性。同时包括考虑已获取的审计证据在具体情形下（例如，存在舞弊风险因素的情况下，易于发生舞弊的某一文件，是支持某一财务报表重大金额的唯一证据）的充分性和适当性。

除非存在相反的理由，注册会计师可以将文件和记录作为真品。尽管如此，注册会计师仍需要考虑用作审计证据的信息的可靠性。在怀疑信息的可靠性或存在舞弊迹象时（例如，在审计过程中识别出的情况使注册会计师认为文件可能是伪造的或文件中的某些条款可能已被篡改），审计准则要求注册会计师作出进一步调查，并确定需要修改哪些审计程序或实施哪些追加的审计程序以解决疑问。

注册会计师可以考虑过去对管理层和治理层诚实、正直所形成的看法。然而，即使注册会计师认为管理层和治理层是诚实、正直的，也不能降低保持职业怀疑的要求，不允许在获取合理保证的过程中满足于说服力不足的审计证据。

（二）指派更有经验或具有特殊技能的审计人员，或利用专家的工作

对财务报表层次重大错报风险，在项目组人员配置上应当选择具有丰富执业经验的人员。对于一些特殊领域，应当有针对性地配备人员或利用专家的工作，如信息系统审计专家、反舞弊专家等。

（三）提供更多的督导

对财务报表层次重大错报风险，项目合伙人应当加强对项目

组成员工作的指导、监督和复核，做到方向正确、工作细致到位。

（四）在选择拟实施的进一步审计程序时融入更多的、不可预见的因素

随着越来越多的企业财务人员来自会计师事务所，他们对审计的技术方法和程序相当了解。在此背景下，如果会计师事务所在审计时依然循规蹈矩不变招，审计就会失效。因此，对财务报表层次重大错报风险，项目组应当在选择拟实施的进一步审计程序时融入更多的不可预见的因素。增加不可预见性可以主要通过以下方式实现：

（1）对通常由于其重要性或风险程度较低而不会作出测试的账户余额和认定实施实质性程序；

（2）调整实施审计程序的时间安排，使之有别于预期的时间安排；

（3）运用不同的抽样方法；

（4）在不同的经营地点或未预先通知的经营地点实施审计程序。

（五）对拟实施审计程序的性质、时间安排或范围作出总体修改

对财务报表层次重大错报风险，项目组可以对拟实施审计程序的性质、时间安排或范围作出总体修改。就审计程序的性质而言，修改审计程序的性质以获取更具说服力的审计证据；就时间安排而言，在期末而非期中实施实质性程序；就范围而言，扩大审计测试的样本量。

注册会计师对控制环境的了解影响其对财务报表层次重大错报风险的评估，从而影响所采取的总体应对措施。有效的控制环

境可以增强注册会计师对内部控制的信心和对被审计单位内部生成的审计证据的信赖程度。例如，如果控制环境有效，注册会计师可以在期中而非期末实施某些审计程序；如果控制环境存在缺陷，则产生相反的影响。为应对无效的控制环境，注册会计师可以采取的措施举例如下：

（1）在期末而非期中实施更多的审计程序；

（2）通过实施实质性程序获取更广泛的审计证据；

（3）增加拟纳入审计范围的经营地点的数量。

注册会计师评估的财务报表层次重大错报风险以及采取的总体应对措施，对拟实施进一步审计程序的总体审计方案具有重大影响。总体审计方案包括实质性方案和综合性方案。实质性方案是指注册会计师实施的进一步审计程序以实质性程序为主；综合性方案是指注册会计师在实施进一步审计程序时，将控制测试与实质性程序结合使用。需要指出的是，对同一家被审计单位而言，对不同的财务报表认定，项目组可能采用不同的审计方案。对某些认定，项目组可能采用综合性方案；对其他一些认定，注册会计师可能采用实质性方案。

二、认定层次重大错报风险的应对

（一）进一步审计程序的含义

在风险导向审计模式下，风险识别和评估是注册会计师应当首先执行的程序。但是仅凭风险评估程序并不足以收集充分、适当的审计证据。因此，所谓“进一步”是相对风险评估程序而言的。进一步审计程序包括控制测试（测试控制在拟信赖期间是否一贯运行）和实质性程序。

控制测试，是指用于评价内部控制在防止或发现并纠正认定层次重大错报方面的运行有效性的审计程序。

实质性程序，是指用于发现认定层次重大错报的审计程序。

实质性程序包括下列两类程序：

（1）对各类交易、账户余额和披露的细节测试；

（2）实质性分析程序。

细节测试按测试对象，分为针对账户余额和披露的细节测试和针对各类交易的细节测试。前者是直接对总分类账的账户余额进行测试，如测试期末应收账款余额。账户余额是各类交易发生的结果。用会计语言来说，期末账户余额是由期初余额、借方发生额和贷方发生额决定的。后者主要针对交易的处理过程中是否存在错报，关注借方发生额和贷方发生额是否存在错报，如赊销交易是否真实发生、是否均已入账、入账金额是否准确。

可见，控制测试与实质性程序主要的区别在于审计测试的目的不同，前者是为了测试控制是否有效，不关心实际的错报；后者是为了测试实际的错报，不关心控制是否有效。同一项审计程序，可能既可用作控制测试，也可用作实质性程序。以检查程序为例，如果注册会计师检查销售发票是否有复核人签字，则是一项控制测试；但如果注册会计师检查销售发票上的金额计算是否正确，以确定入账金额是否正确，则是一项实质性程序。

（二）基本要求

注册会计师应当针对评估的认定层次重大错报风险，设计和实施进一步审计程序，包括审计程序的性质、时间安排和范围。

1. 审计程序的性质

审计程序的性质是指审计程序的目的和类型。审计程序的目的包括实施控制测试以评价内部控制在防止或发现并纠正认定层次重大错报方面运行的有效性，实施实质性程序以发现认定层次重大错报。审计程序的类型包括检查、观察、询问、函证、重新计算、重新执行和分析程序。在应对评估的风险时，确定审计程序的性质是最重要的。

注册会计师评估的风险可能影响拟实施的审计程序的类型及其综合运用，例如，当评估的风险较高时，注册会计师除检查文件外，还可能决定向交易对方函证合同条款的完整性。此外，对于与某些认定相关的错报风险，实施某些审计程序可能比其他审计程序更适当，例如，在测试收入时，对于与收入完整性认定相关的错报风险，控制测试可能最能有效应对；对于与收入发生认定相关的错报风险，实质性程序可能最能有效应对。

在确定审计程序的性质时，注册会计师需要考虑形成风险评估结果的依据。例如，对于某类交易，注册会计师可能判断即使在不考虑相关控制的情况下发生错报的风险仍较低，此时仅实施实质性分析程序就可以获取充分、适当的审计证据；另一方面，如果注册会计师预期存在与此类交易相关的内部控制的情况下发生错报的风险较低，且拟基于这一评估的低风险设计实质性程序，则注册会计师需要按照1231号准则第八条第（一）项的要求实施控制测试。对于在被审计单位信息系统中进行日常处理和控制的、常规且不复杂的交易，这种情况可能出现。

2. 审计程序的时间安排

审计程序的时间安排是指注册会计师何时实施审计程序，或审计证据适用的期间或时点。

注册会计师可以在期中或期末实施控制测试或实质性程序。当重大错报风险越高时，注册会计师可能认为在期末或接近期末而非期中实施实质性程序，或采用不通知的方式（如在不通知的情况下对选取的经营地点实施审计程序），或在管理层不能预见的时间实施审计程序更有效。这在考虑应对舞弊风险时尤为相关。例如，如果识别出故意错报或操纵会计记录的风险，注册会计师可能认为将期中得出的结论延伸至期末而实施的审计程序是无效的。

在期末之前实施审计程序可能有助于注册会计师在审计工作

初期识别重大事项，并在管理层的协助下及时解决这些事项，或针对这些事项制定有效的审计方案。

某些审计程序只能在期末或期后实施，例如：

（1）核对财务报表与会计记录；

（2）检查财务报表编制过程中作出的会计调整；

（3）为应对被审计单位可能在期末签订不适当的销售合同的风险，或交易在期末可能尚未完成的风险而实施的程序。

影响注册会计师考虑在何时实施审计程序的其他相关因素包括：

（1）控制环境；

（2）何时能得到相关信息，例如，某些电子文档如未能及时取得，可能被覆盖；再如，某些拟观察的程序可能只在特定时点发生；

（3）错报风险的性质，例如，如果存在被审计单位为了保证盈利目标的实现而伪造销售合同以虚增收入的风险，注册会计师可能需要检查截至期末的所有销售合同；

（4）审计证据适用的期间或时点。

3. 审计程序的范围

审计程序的范围是指实施审计程序的数量，如抽取的样本量或对某项控制活动的观察次数。

在确定必要的审计程序的范围时，注册会计师需要考虑重要性、评估的风险和计划获取的保证程度。如果需要通过实施多个审计程序实现某一目的，注册会计师需要分别考虑每个程序的范围。一般而言，审计程序的范围随着重大错报风险的增加而扩大。例如，在应对评估的由于舞弊导致的重大错报风险时，增加样本量或实施更详细的实质性分析程序可能是适当的。但是，只有当审计程序本身与特定风险相关时，扩大审计程序的范围才是有效的。

使用计算机辅助审计技术对电子化的交易和账户文档进行更广泛的测试，有助于注册会计师修改测试范围（如针对由于舞弊导致的重大错报风险的测试范围）。这是因为计算机辅助审计技术可以用于从主要电子文档中选取交易样本，按照某一特征对交易进行分类，或对总体而非样本进行测试。

4. 确定总体方案

注册会计师对识别出的认定层次风险进行评估，为确定总体审计方案提供了基础。例如，注册会计师可能确定：

（1）只有实施控制测试才可以有效应对评估的特定认定重大错报风险；

（2）仅实施实质性程序对于特定认定是适当的，因此，注册会计师在对相关风险进行评估时不再考虑控制的影响。这可能是由于注册会计师在实施风险评估程序后没有发现任何与该认定相关的有效控制，或者由于控制测试效率不高，因而注册会计师在确定实质性程序的性质、时间安排和范围时，不拟信赖控制运行的有效性；

（3）将控制测试和实质性程序结合使用的综合性方案是一个有效的方案。

但是，按照1231号准则第十八条的规定，无论选取哪种方案，注册会计师都需要针对所有重大类别的交易、账户余额和披露设计和实施实质性程序。

5. 进一步审计程序和风险评估结果之间的对应关系

注册会计师需要根据并针对评估的认定层次重大错报风险设计和实施进一步审计程序（包括审计程序的性质、时间安排和范围），使进一步审计程序和风险评估结果之间具备明确的对应关系。

在设计拟实施的进一步审计程序时，注册会计师应当考虑形成某类交易、账户余额和披露的认定层次重大错报风险评估结果的依据。形成某类交易、账户余额和披露的认定层次重大错报风险评估结果的依据包括：

（1）因相关类别的交易、账户余额或披露的具体特征而导致重大错报的可能性（即固有风险）；

（2）风险评估是否考虑了相关控制（即控制风险），从而要求注册会计师获取审计证据以确定控制是否有效运行（即注册会计师在确定实质性程序的性质、时间安排和范围时，拟信赖控制运行的有效性）。

总体而言，评估的风险越高，在设计拟实施的进一步审计程序时，越需要获取有说服力的审计证据。当由于评估的风险较高而需要获取更具说服力的审计证据时，注册会计师可能需要增加所需审计证据的数量，或获取更具相关性或可靠性的证据，如更多地从第三方获取证据或从多个独立渠道获取互相印证的证据。

（三）控制测试

1. 控制测试的关注点

注册会计师获取的有关控制运行有效性的审计证据应当包括：

（1）控制在所审计期间的相关时点是如何运行的；

（2）控制是否得到一贯执行；

（3）控制由谁或以何种方式执行。

测试控制运行的有效性与了解控制和评价控制的设计和执行是不同的，但是所采用的审计程序的类型是相同的。因此，注册会计师可以决定在评价控制的设计以及确定其是否得到执行的同时测试控制运行的有效性，以提高审计效率。

2. 必须实施控制测试的情形

当存在下列情形之一时，注册会计师应当设计和实施控制测试，针对相关控制运行的有效性，获取充分、适当的审计证据：

（1）在评估认定层次重大错报风险时，预期控制的运行是有效的（即在确定实质性程序的性质、时间安排和范围时，注册会计师拟信赖控制运行的有效性）；

（2）仅实施实质性程序并不能够提供认定层次充分、适当的审计证据。

在某些情况下，注册会计师可能发现仅通过实施有效的实质性程序无法获取认定层次的充分、适当的审计证据，例如，被审计单位采用信息技术处理业务，除信息系统中的信息外不生成或保留任何与业务相关的文件记录。在这种情况下，根据1231号准则第八条第（二）项的要求，注册会计师需要对相关控制实施测试。

当注册会计师采取的总体审计方案主要以控制测试为主，尤其是仅通过实施实质性程序无法或不能获取充分、适当的审计证据时，注册会计师可能需要获取有关控制运行有效性的更高水平的保证。

需要强调的是，只有认为控制设计合理、能够防止或发现并纠正认定层次的重大错报，注册会计师才实施控制测试。此外，如果被审计单位在所审计期间内的不同时期使用了显著不同的控制，注册会计师要分别考虑不同时期的控制。

注册会计师应当确定拟测试的控制是否依赖其他控制（间接控制）。如果依赖其他控制，确定是否有必要获取支持这些间接控制有效运行的审计证据。在某些情况下，注册会计师可能有必要获取有关间接控制运行有效性的审计证据。例如，被审计单位可能针对超出信用额度的例外赊销交易设置报告和审核制度，在测试这项制度运行的有效性时，审核制度和相关的跟进措施是与测试直接相关的控制，与例外赊销报告中信息准确性相关的控制（如信息技术一般控制）则被称为间接控制。

3. 控制测试的性质

在设计和实施控制测试时，对控制有效性的信赖程度越高，注册会计师应当获取越有说服力的审计证据。

在设计和实施控制测试时，注册会计师应当将询问与其他审计程序结合使用，以获取有关控制运行有效性的审计证据。询问本身并不足以测试控制运行的有效性。因此，注册会计师需要将询问与其他审计程序结合使用。而观察提供的证据仅限于观察发生的时点，因此，将询问与检查或重新执行结合使用，可能会比仅实施询问和观察获取更高水平的保证。

在确定实施哪种程序以获取有关控制运行是否有效的审计证据时，注册会计师需要考虑特定控制的性质。例如，某些控制通过文件记录证明其运行的有效性，在这种情况下，注册会计师可能需要检查这些文件记录以获取控制运行有效的审计证据。而某些控制可能不存在文件记录，或文件记录与控制运行是否有效不相关。例如，控制环境中的某些要素（如职权和责任的分配），或某些由计算机实施的控制活动，可能不会留下运行记录。在这种情况下，注册会计师可能需要通过询问并结合其他审计程序（如观察）或借助计算机辅助审计技术，获取有关控制运行有效性的审计证据。

4. 控制测试的时间安排

如果仅需要测试控制在特定时点运行的有效性（如对被审计单位期末存货盘点进行控制测试），注册会计师只需要获取该时点的审计证据。如果拟信赖控制在某一期间运行的有效性，注册会计师需要实施其他测试，以获取相关控制在该期间内的相关时点运行有效的审计证据。这种测试可能包括测试被审计单位对控制的监督。注册会计师应当测试其拟信赖的特定时点或整个期间的控制，为预期信赖程度提供恰当的依据。

如果已获取有关控制在期中运行有效性的审计证据，注册会计师应当：

（1）获取这些控制在剩余期间发生重大变化的审计证据；

（2）确定针对剩余期间还需获取的补充审计证据。

例如，注册会计师拟信赖某项控制在整个审计期间的运行有效性。在10月31日，注册会计师进行了期中测试，对截至该日的控制运行有效性进行了测试，则11月1日至12月31日就是剩余期间。注册会计师只有确定了控制在该剩余期间的运行有效性，才能确定控制在整个审计期间的运行有效性。

在确定需要获取哪些补充审计证据以证明控制在期中之后的剩余期间仍然有效运行时，注册会计师需要考虑的相关因素包括：

（1）评估的认定层次重大错报风险的重要程度；

（2）在期中测试的特定控制，以及自期中测试后发生的重大变动，包括在信息系统、流程和人员方面发生的变动；

（3）在期中对有关控制运行的有效性获取的审计证据的程度；

（4）剩余期间的长度；

（5）在信赖控制的基础上拟缩小实质性程序的范围；

（6）控制环境。

注册会计师可以通过对控制在剩余期间运行的有效性进行延伸测试或测试被审计单位对控制的监督，获取补充审计证据。

延伸测试是指对剩余期间该控制的运行情况抽取一定的样本进行测试。被审计单位对控制的监督，例如，被审计单位内部对遵守内部控制的情况进行的日常检查，可能能保证控制持续一贯运行，因此，获取这方面的证据，也可为注册会计师提供补充证据。

5. 控制测试的范围

当针对控制运行的有效性需要获取更具说服力的审计证据时，可能需要扩大控制测试的范围。在确定控制测试的范围时，除考虑对控制的信赖程度外，注册会计师还可能考虑以下因素：

（1）在拟信赖期间，被审计单位执行控制的频率；

（2）在所审计期间，注册会计师拟信赖控制运行有效性的时间长度；

（3）控制的预期偏差率；

（4）拟获取的有关认定层次控制运行有效性的审计证据的相关性和可靠性；

（5）通过测试与认定相关的其他控制获取的审计证据的范围。

上述因素对样本规模的影响见表5－3。

表5－3　　控制测试中影响样本规模的因素

因　素	对样本规模的影响	说　明
注册会计师在评估风险时对相关控制的依赖程度增加	增大	注册会计师拟从控制运行有效性中获取的保证程度越高，注册会计师评估的重大错报风险越低，样本规模就越大。当评估认定层次重大错报风险时预期控制的运行是有效的，注册会计师需要实施控制测试。当其他情况相同时，注册会计师在风险评估中对控制运行有效性的依赖程度越高，注册会计师实施控制测试的范围越大（因此样本规模增大）
可容忍偏差率增加	减少	可容忍偏差率越低，所需的样本规模越大
拟测试总体的预期偏差率增加	增大	预期偏差率越高，所需的样本规模越大，以使注册会计师能够对实际偏差率作出合理的估计。注册会计师确定预期偏差率时应考虑的因素包括：注册会计师对经营情况的了解（特别是用来了解内部控制的风险评估程序）、人员或内部控制的变化、以前期间实施审计程序的结果和其他审计程序的结果。如果预期控制偏差率很高，注册会计师通常不降低评估的重大错报风险

续表

因素	对样本规模的影响	说明
注册会计师对于总体实际偏差率未超出可容忍偏差率的期望保证程度增加	增大	注册会计师对样本结果能够真正表明总体中实际发生的偏差的保证程度期望越高，所需的样本规模越大
总体中抽样单元的数量增加	影响可忽略	由被审计单位执行控制的频率和注册会计师拟信赖控制运行有效性的时间长度相乘可得。对于大规模总体而言，总体的实际规模对样本规模几乎没有影响。然而，对于小规模总体而言，审计抽样可能不比其他替代方法更能有效地获取充分、适当的审计证据
通过测试与认定相关的其他控制获取的审计证据越多	减少	针对同一认定，可能有其他控制。如果注册会计师从测试其他控制中已获取部分审计证据，则对本控制测试的可靠程度降低

在实务操作测试人工控制时，如果采用检查或重新执行程序，注册会计师测试的最小样本量区间参见表 5－4。

表 5－4　　测试人工控制的最小样本量区间

控制运行频率	控制运行总次数	测试的最小样本量区间
每年 1 次	1	1
每季 1 次	4	2
每月 1 次	12	2—5
每周 1 次	52	5—15
每天 1 次	250	20—40
每天多次	大于 250	25—60

资源来源：《企业内部控制审计实施意见》。

在运用表 5 - 4 时，注册会计师应当注意下列事项：

（1）测试的最小样本量是指所需测试的控制运行次数；

（2）注册会计师应当根据与控制相关的风险，基于最小样本量区间确定具体的样本规模；

（3）表 5 - 4 假设控制的运行偏差率预期为零。如果预期偏差率不为零，注册会计师应当扩大样本规模；

（4）表 5 - 4 假设注册会计师对于总体实际偏差率未超出可容忍偏差率的期望保证程度为"高"；

（5）如果注册会计师不能确定控制运行频率，但是知道控制运行总次数，仍可根据"控制运行总次数"一列确定测试的最小样本规模。

《中国注册会计师审计准则第 1314 号——审计抽样》及其应用指南针对控制测试的范围作出了进一步规定并提供了指引。有关审计抽样的理论和方法，请参考中国注册会计师考试统一教材《审计》。

由于信息技术处理具有内在一贯性，注册会计师可能不需要扩大自动化控制的测试范围。除非程序（包括系统使用的表格、文档或其他永久性数据）发生变动，自动化控制会一贯运行。一旦确定某项自动化控制能够发挥预期作用（可在最初实施该控制的时点或其他时点确定），注册会计师就可能需要考虑实施测试以确定该控制是否持续有效运行。这些测试可能包括确定：

（1）程序修改是否已经过适当的程序变动控制；

（2）交易处理所用软件是否为授权批准版本；

（3）其他相关的一般控制是否运行有效。

这些测试还可能包括确定系统是否未发生变动。例如，当被审计单位使用软件包应用程序而没有对其进行修改或维护时，注册会计师可以检查信息系统安全管理记录，以获取在所审计期间不存在未经授权接触系统的审计证据。

6. 利用以前年度控制测试的结果

在某些情况下，如果注册会计师实施了用以确定审计证据持续相关性的审计程序，以前审计获取的审计证据可以为本期提供相关审计证据。例如，在以前期间执行审计时，注册会计师可能确定被审计单位某项自动化控制能够发挥预期作用。那么在本期审计中，注册会计师可能需要获取审计证据以确定是否发生了影响该自动化控制持续有效发挥作用的变化。例如，注册会计师可以通过询问管理层或检查日志，确定哪些控制已经发生变化。通过考虑控制变化的证据，注册会计师可以增加或减少需要在本期获取的有关控制运行是否有效的审计证据。

在确定利用以前审计获取的有关控制运行有效性的审计证据是否适当，以及再次测试控制的时间间隔时，注册会计师应当考虑下列因素：

（1）内部控制其他要素的有效性，包括控制环境、被审计单位对控制的监督以及被审计单位的风险评估过程；

（2）控制特征（人工控制还是自动化控制）产生的风险；

（3）信息技术一般控制的有效性；

（4）控制设计及其运行的有效性，包括在以前审计中发现的控制运行偏差的性质和程度，以及是否发生对控制运行产生重大影响的人员变动；

（5）是否存在由于环境发生变化而特定控制缺乏相应变化导致的风险；

（6）重大错报风险和对控制的信赖程度。

如果拟利用以前审计获取的有关控制运行有效性的审计证据，注册会计师应当通过获取这些控制在以前审计后是否发生重大变化的审计证据，确定以前审计获取的审计证据是否与本期审计持续相关。

注册会计师应当通过实施询问并结合观察或检查程序，获取这些控制是否发生重大变化的审计证据，以确认对这些控制的了解，并根据下列情况作出不同处理：

（1）控制在本期发生变化。控制在本期发生变化可能影响以前审计获取的审计证据对本期审计的相关性，从而使注册会计师无法再继续信赖相关控制运行的有效性。例如，如果系统的变化仅使被审计单位从系统中获取新的报告，这种变化通常不影响以前审计所获取证据的相关性；但是，如果系统的变化引起数据累积或计算发生改变，这种变化可能影响以前审计所获取证据的相关性。如果已发生变化，且这些变化对以前审计获取的审计证据的持续相关性产生影响，注册会计师应当在本期审计中测试这些控制运行的有效性。

（2）控制在本期未发生变化。如果未发生变化，但注册会计师确定评估的认定层次重大错报风险是特别风险，并拟信赖针对该风险实施的控制，注册会计师应当在本期审计中测试这些控制运行的有效性。

如果拟信赖的控制自上次测试后未发生变化，且不属于旨在减轻特别风险的控制，注册会计师需要运用职业判断确定是否在本期审计中测试其运行的有效性，以及本次测试与上次测试的时间间隔，但每三年至少对控制测试一次。

一般情况下，重大错报风险越高，或对控制的拟信赖程度越高，时间间隔（如有）就越短。下列因素可能缩短再次测试控制的时间间隔或导致完全不信赖以前审计获取的审计证据：

（1）控制环境薄弱；

（2）对控制的监督薄弱；

（3）相关控制中的人工成分较多；

（4）发生对控制运行产生重大影响的人事变动；

（5）环境的变化表明需要对控制作出相应的变动；

（6）信息技术一般控制薄弱。

如果注册会计师拟信赖以前审计已获取审计证据的多个控制，在每次审计中测试其中的某些控制可以为控制环境的持续有效性提供佐证信息。这些信息能够帮助注册会计师确定依赖以前审计获取的审计证据是否适当。因此，如果未发生变化，注册会计师应当每三年至少对控制测试一次，并且在每年审计中测试部分控制，以避免将所有拟信赖控制的测试集中于某一年，而在之后的两年中不进行任何测试。

7. 评价控制测试的结果

如果发现拟信赖的控制出现偏差，注册会计师应当进行专门查询以了解这些偏差及其潜在后果，并确定：

（1）已实施的控制测试是否为信赖这些控制提供了适当的基础；

（2）是否有必要实施追加的控制测试；

（3）是否需要针对潜在的错报风险实施实质性程序。

在评价相关控制运行的有效性时，注册会计师应当评价通过实施实质性程序发现的错报是否表明控制未得到有效运行。但通过实质性程序未发现错报，并不能证明与所测试认定相关的控制是有效的。

注册会计师实施审计程序发现的重大错报，是表明内部控制存在值得关注的内部控制缺陷的重要迹象。

在理解控制运行的有效性时，注册会计师需要意识到被审计单位控制运行可能存在偏差。偏差产生的原因可能是关键人员发生变动、交易量发生重大季节性波动或人为错误等。发现的偏差率，尤其是在与预期偏差率进行比较后，可能表明注册会计师无法信赖该控制，以将认定层次的风险降至注册会计师评估的水平。

（四）实质性程序

无论评估的重大错报风险结果如何，注册会计师都应当针对所有重大类别的交易、账户余额和披露，设计和实施实质性程序。这一要求表明：(1) 注册会计师对风险的评估是一种判断，因此可能无法识别所有重大错报风险；(2) 内部控制存在固有限制，如管理层凌驾于控制之上。当然，准则只是要求针对重大类别的交易、账户余额和披露必须实施实质性程序，至于具体的实质性程序的性质、时间安排和范围，仍需根据风险评估结果而定。

1. 关于实质性程序的性质的一般要求

实质性程序包括实质性分析程序和对各类交易、账户余额和披露实施细节测试。根据具体情况，注册会计师可能确定：

(1) 仅实施实质性分析程序就足以将审计风险降至可接受的低水平，如当实施控制测试获取的审计证据可以支持风险评估结果时；

(2) 仅实施细节测试是适当的；

(3) 将细节测试与实质性分析程序结合使用可以最恰当地应对评估的风险。

实质性分析程序通常更适用于在一段时期内存在可预期关系的大量交易。《中国注册会计师审计准则第 1313 号——分析程序》及其应用指南对在审计中如何实施分析程序作出规定并提供了指引。

在设计细节测试时，注册会计师需要考虑风险和认定的性质。例如，在针对存在或发生认定设计细节测试时，注册会计师可能需要选择已经包含在财务报表金额中的项目，并获取相关审计证据。另一方面，在针对完整性认定设计细节测试时，注册会计师可能需要选择应包含在财务报表金额中的项目，并调查这些项目是否确实包含在内。

2. 考虑是否实施函证程序

鉴于函证在应对重大错报风险方面的效果，准则虽然没有强制要求注册会计师在确定审计程序的性质时包括函证程序，但要求注册会计师考虑是否将函证程序用作实质性程序。

当涉及与账户余额及其要素相关的认定时，通常使用函证程序，但不必局限在这些项目。例如，注册会计师可能对被审计单位与其他方签订的协议、合同或交易的条款实施函证，还可能实施函证程序以获取有关某些条件不存在的审计证据。例如，注册会计师可能专门实施函证程序，以证实不存在可能与收入截止认定相关的“背后协议”。在应对评估的重大错报风险时，函证程序可能提供相关审计证据的其他情况包括：

（1）银行存款、借款及与金融机构往来的其他重要信息；

（2）应收账款余额和条款；

（3）由第三方保管的存货；

（4）由律师或金融机构保管或作为担保的产权证书；

（5）由第三方保管的，或通过股票经纪人购买的但未于资产负债表日交付的投资；

（6）欠款金额，包括偿还条款和限制性协议；

（7）应付账款余额和条款。

尽管函证可以对某些认定提供相关审计证据，但对于其他一些认定，函证提供审计证据的相关性并不高。例如，函证针对应收账款余额的可回收性提供的审计证据，比针对应收账款余额的存在认定提供的审计证据的相关性要低。

注册会计师可能认为，为某一目的而实施的函证程序可能能够提供关于其他事项的审计证据。例如，对银行存款余额进行函证时，通常还包括对与其他财务报表认定相关的信息进行函证。这种情况可能会促使注册会计师作出实施函证程序的决策。

可能帮助注册会计师确定是否拟将函证程序作为实质性程序的因素包括：

（1）被询证者对函证事项的了解。如果被询证者对所函证的信息具有必要的了解，其提供的回复可靠性更高。

（2）预期被询证者回复询证函的能力或意愿。例如，在下列情况下，被询证者可能不会回复，也可能只是随意回复或可能试图限制对其回复的依赖程度：

①被询证者可能不愿承担回复询证函的责任；

②被询证者可能认为回复询证函成本太高或消耗太多时间；

③被询证者可能对因回复询证函而可能承担的法律责任有所担心；

④被询证者可能以不同币种核算交易；

⑤回复询证函不是被询证者日常经营的重要部分。

（3）预期被询证者的客观性。如果被询证者是被审计单位的关联方，则其回复的可靠性会降低。

3. 与财务报表编制完成阶段相关的实质性程序

注册会计师实施的实质性程序应当包括下列与财务报表编制完成阶段相关的审计程序：

（1）将财务报表与其所依据的会计记录进行核对或调节；

（2）检查财务报表编制过程中作出的重大会计分录和其他调整。

注册会计师对会计分录和其他会计调整执行检查的性质和范围，取决于被审计单位财务报告过程的性质和复杂程度以及相关的重大错报风险。

4. 应对特别风险的实质性程序

1231 号准则第二十一条规定，如果认为相关风险为特别风险，注册会计师应当专门针对该风险实施实质性程序。从恰当的被询证者以函证形式直接取得的审计证据，可以帮助注册会计师获取应对由于舞弊或错误导致的重大错报风险所需的具有高度可靠性的审计证据。例如，如果注册会计师认为管理层面临实现盈利预期的压力，则可能存在管理层虚增销售收入的风险，即通过对不满足收入确认条款的销售协议进行不当确认，或通过在出货前出具销售发票虚增收入。在这些情况下，注册会计师可能设计函证程序，不仅用于确认应收账款的账户余额，也用于确认销售协议的细节条款，包括日期、退货权和交货条款。此外，注册会计师还可能认为有必要就销售协议和交货条款的任何变更询问被审计单位的非财务人员，以此作为函证程序的补充。此外，注册会计师还可能实施以下实质性程序：

（1）针对收入项目，使用分解的数据实施实质性分析程序，例如，按照月份、产品线或业务分部将本期收入与具有可比性的以前期间收入进行比较。利用计算机辅助审计技术可能有助于发现异常的或未预期到的收入关系或交易。

（2）向被审计单位的销售和营销人员或内部法律顾问询问临近期末的销售或发货情况，以及他们所了解的与这些交易相关的异常条款或条件。

（3）期末在被审计单位的一处或多处发货现场实地观察发货情况或准备发出的货物情况（或待处理的退货），并实施其他适当的销售及存货截止测试。

（4）对于通过电子方式自动生成、处理、记录的销售交易，实施控制测试以确定这些控制是否能够为所记录的收入交易已真实发生并得到适当的记录提供保证。

如果针对特别风险实施的程序仅为实质性程序，这些程序应当包括细节测试。这意味着，针对特别风险，注册会计师如果不依赖内部控制，则仅靠实质性分析程序不足以应对。

5. 对控制测试结果不满意时的处理

由于注册会计师在评估重大错报风险时考虑了内部控制，如果对控制测试结果不满意，注册会计师可能需要扩大实质性程序的范围。对控制测试结果不满意，说明在了解内部控制时作出的控制风险评估需要重新调整，相应的重大错报风险结果需要调整，最终导致原计划的实质性程序的性质、时间安排和范围需要调整。然而，只有当审计程序本身与特定风险相关时，扩大审计程序的范围才是适当的。

6. 实质性程序的时间安排

在多数情况下，在以前审计中实施实质性程序获取的审计证据，通常对本期只有很弱的证据效力或没有证据效力。但是，也有例外。例如，由于证券化的结构未发生变化，以前审计中获得的与证券化结构有关的法律意见可能在本期仍适用。又如，以前审计通过实质性程序测试过的某项诉讼在本期没有任何实质性进展。在这些情况下，使用在以前审计的实质性程序中获取的审计证据可能是适当的，前提是该证据及其相关事项未发生重大变动，并且本期已实施用以确认是否具有持续相关性的审计程序。

在某些情况下，注册会计师可能认为在期中实施实质性程序，并将期末余额的相关信息与期中的可比信息进行比较和调节，对于实现下列目的是有效的：

（1）识别显示异常的金额；

（2）调查这些异常金额；

（3）实施实质性分析程序或细节测试以测试剩余期间。

注册会计师在期中实施实质性程序而未在其后实施追加程序，将增加期末可能存在错报而未被发现的风险，并且该风险随着剩余期间的延长而增加。下列因素可能对是否在期中实施实质性程序产生影响：

（1）控制环境和其他相关控制；

（2）实施审计程序所需要的信息在期中之后的可获得性；

（3）实质性程序的目的；

（4）评估的重大错报风险；

（5）特定类别的交易或账户余额以及相关认定的性质；

（6）针对剩余期间，注册会计师能否通过实施适当的实质性程序或将实质性程序与控制测试相结合，降低期末可能存在错报而未被发现的风险。

如果在期中实施了实质性程序，注册会计师应当针对剩余期间实施下列程序之一，以将期中测试得出的结论合理延伸至期末：

（1）结合对剩余期间实施的控制测试，实施实质性程序；

（2）如果认为对剩余期间拟实施的实质性程序是充分的，仅实施实质性程序。

例如，注册会计师对截至 11 月 30 日的应收账款余额实施了函证程序，但注册会计师需要确定截至 12 月 31 日的应收账款余额是否存在重大错报，因此注册会计师需要针对 11 月 30 日至 12 月 31 日之间发生的影响应收账款期末余额的交易实施实质性程序（包括细节测试和/或实质性分析程序），或者结合对控制在该剩余期间运行有效性的测试实施实质性程序。

下列因素可能对是否就期中至期末实施实质性分析程序产生影响：

（1）特定类别交易的期末累计发生额或期末账户余额在金额、相对重要性及构成方面能否被合理预期；

（2）被审计单位在期中对此类交易或账户余额进行分析和调整的程序及确保截止正确的程序是否恰当；

（3）与财务报告相关的信息系统能否提供关于期末账户余额和剩余期间的交易的充分信息，以足以调查下列事项：

① 重大的异常交易或会计分录（尤其是在期末或接近期末发生的交易或会计记录）；

② 导致重大波动的其他原因或预期发生但未发生的波动；

③ 特定类别的交易或账户余额在构成上的变动。

如果期中检查出注册会计师在评估重大错报风险时未预期到的错报，注册会计师应当评价是否需要修改相关的风险评估结果以及针对剩余期间拟实施的实质性程序的性质、时间安排和范围。如果注册会计师由于在期中发现未预期的错报，而认为需要修改针对剩余期间拟实施实质性程序的性质、时间安排或范围，则此类修改可能包括在期末扩大期中已实施实质性程序的范围或重新实施这些实质性程序。

7. 实质性程序的范围

在设计细节测试时，注册会计师通常从样本量的角度考虑测试范围，但还可能考虑其他相关因素，包括使用其他选取测试项目的方法是否更有效等（参见《中国注册会计师审计准则第1301号——审计证据》）。

三、评价审计证据的充分性和适当性

（一）对认定层次重大错报风险的最终评估

在得出总体结论之前，注册会计师应当根据实施的审计程序和获取的审计证据，评价对认定层次重大错报风险的评估是否仍然适当。

财务报表审计是一个累积和不断修正的过程。随着计划的审计程序的实施，获取的审计证据可能导致注册会计师修改其他已计划的审计程序的性质、时间安排或范围。注册会计师可能注意到一些信息与风险评估时依据的信息存在重大差异。例如：

（1）注册会计师通过实施实质性程序发现的错报的程度，可能改变其对风险评估的判断，并可能显示存在值得关注的内部控制缺陷；

（2）注册会计师可能发现会计记录存在差异或证据缺失或互相矛盾的情况；

（3）在临近审计结束时实施的分析程序①可能表明存在以前未识别的重大错报风险。

在这种情况下，注册会计师可能需要根据更新后的所有或某类交易、账户余额或披露及相关认定的风险评估结果，重新评价计划的审计程序。《中国注册会计师审计准则第 1211 号——通过了解被审计单位及其环境识别和评估重大错报风险》第三十四条规定了如何修正风险评估结果。

注册会计师不能将审计中发现的舞弊或错误视为孤立发生的事项。因此，在确定对重大错报风险的评估是否仍然适当时，考虑发现的错报如何影响已评估的重大错报风险尤为重要。准则要求注册会计师在评价错报时保持职业怀疑，做到举一反三，从某项错报想到原来的重大错报风险评估是否适当，是否存在其他类似性质的错报，是否表明管理层缺乏诚信，是否需要修改原计划的审计程序等等。

（二）评价审计证据的充分性和适当性

注册会计师应当确定是否已获取充分、适当的审计证据。注册会计师对审计证据充分性和适当性的判断受下列因素的影响：

（1）认定发生潜在错报的重要程度，以及这些潜在错报单独或连同其他潜在错报对财务报表产生重大影响的可能性；

（2）管理层应对和控制相关风险的有效性；

（3）在以前审计中获取的有关类似潜在错报的经验；

（4）实施审计程序的结果，包括是否识别出舞弊或错误的具体情形；

① 《中国注册会计师审计准则第 1313 号——分析程序》第六条规定，在临近审计结束时，注册会计师应当设计和实施分析程序，帮助其对财务报表形成总体结论，以确定财务报表是否与其对被审计单位的了解一致。

（5）可获得信息的来源和可靠性；

（6）审计证据的说服力；

（7）对被审计单位及其环境的了解。

在形成审计意见时，注册会计师应当考虑所有相关的审计证据，无论该证据与财务报表认定是相互印证还是相互矛盾。

如果对重大的财务报表认定没有获取充分、适当的审计证据，注册会计师应当尽可能获取进一步的审计证据。

如果仍然不能获取充分、适当的审计证据，注册会计师应当对财务报表发表保留意见或无法表示意见。

四、审计工作底稿

注册会计师应当就下列事项形成审计工作底稿：

（1）针对评估的财务报表层次重大错报风险采取的总体应对措施，以及实施的进一步审计程序的性质、时间安排和范围；

（2）实施的进一步审计程序与评估的认定层次风险之间的联系；

（2）实施进一步审计程序的结果，包括在结果不明显时得出的结论。

如果拟利用在以前审计中获取的有关控制运行有效性的审计证据，注册会计师应当记录信赖这些控制的理由和结论。

审计工作底稿应当能够证明财务报表与其所依据的会计记录是一致的或调节相符的。

审计工作底稿的形式和范围取决于职业判断，并受下列因素的影响：

（1）被审计单位的性质、规模、复杂程度及其内部控制；

（2）被审计单位信息的可获得性；

（3）审计中使用的审计方法和技术。

第六章　风险导向审计准则的实务运用

风险导向审计准则已实施5年多，十分有必要了解注册会计师在审计实务中对准则贯彻执行的情况，特别是在实务操作中存在的问题，为提出政策建议奠定基础。基于行业执行质量检查结果和调查研究所了解的信息，总体而言，很多注册会计师已逐渐接受了风险导向审计的理念，并在审计实践中予以贯彻。实务操作中的问题主要有以下几个方面。

一、风险评估工作不够到位，甚至流于形式

重视风险的识别和评估是风险导向审计有别于以前审计模式的重要方面，它要求注册会计师全面系统地识别和评估财务报表重大错报风险。实务中，部分注册会计师风险评估工作不到位，突出表现在以下两方面。

第一，了解被审计单位情况与识别和评估财务报表重大错报风险为“两张皮”。虽然了解了被审计单位的大量情况，但是没有将其与识别和评估重大错报风险结合起来，更没有将识别出的认定层次重大错报风险与认定相联系，其结果是工作底稿记录了大量的了解到的信息，但是却没有识别出任何财务报表重大错报风险。其实，了解被审计单位情况的最终目的是识别和评估财务报表重大错报风险，如果注册会计师没有识别出财务报表重大错

报风险，那么了解还有什么意义呢？正常的预期是，实施风险导向审计准则后，注册会计师的风险评估结果应当更为全面、准确，而不是没有任何变化。

第二，风险评估工作本身投入不够。注册会计师在风险评估上投入的时间和资源是反映风险导向审计准则是否执行到位的一项指标。在实务中，如在风险评估阶段不运用分析程序、项目组高层次人员不参与风险评估工作、项目组没有会计、审计领域以外的行业或其他方面的专家、了解的内容达不到准则要求、风险评估靠拍脑袋、风险评估工作在期末才开始等种种迹象都说明风险评估工作本身投入不够。

注册会计师认为风险识别和评估的困难主要体现在五个方面：（1）行业可比数据的可及性；（2）被审计单位非财务人员的配合；（3）风险评估中需要运用职业判断；（4）风险评估对注册会计师的知识和素质提出了更高的要求；（5）了解的范围和程度不易把握。

重大错报风险的正确识别和评估是正确应对的前提和基础。在实务中，部分注册会计师采取了本末倒置的做法，在做完实质性测试后，为应付检查，再补做风险评估工作底稿。很难想象，这样能实现风险导向审计的效果和效率。

二、实施的实质性程序与评估的重大错报风险存在脱节现象

准则要求，注册会计师实施的实质性程序要与评估的认定层次重大错报风险水平存在清晰的对应关系。在实务中，部分注册会计师在设计实质性程序的性质、时间安排和范围时不考虑评估所涉的认定重大错报风险水平，没有运用认定将重大错报风险评估与应对予以贯通，造成实施的实质性程序与评估的重大错报风险脱节。其后果是，风险评估工作没有起到为实质性程序导向的作用，相反徒增了工作量。

部分注册会计师反映，实施风险导向审计准则后，风险评估工作增加了工作量，但实质性程序的工作量没有减少，因此导致审计效率降低。注册会计师认为实质性程序没有变化的主要原因是对采用风险导向审计理念的心理不适应、运用存在技术障碍、行业监管部门在检查中过分注重审计程序。

三、对了解和测试被审计单位的内部控制认识模糊、技能不足

风险导向审计准则要求注册会计师了解与审计相关的内部控制，以识别潜在错报的类型，考虑导致重大错报风险的因素，并设计和实施进一步审计程序的性质、时间和范围。在实务中，有相当比例的注册会计师不在所有审计项目中了解内部控制，这与准则的规定有相当大的差距。不了解内部控制有三个主要原因：一是觉得技术上难度较高；二是认为了解内部控制不符合成本效益原则；三是认为被审计单位内控整体比较薄弱，了解后也不值得信赖。技术难度主要体现在控制环境要素评价的主观性、评价管理层凌驾于控制之上的可能性、确定多项控制活动的综合影响、确定控制活动与认定的对应关系等方面。

风险导向审计准则要求，注册会计师应当针对评估的认定层次重大错报风险设计和实施进一步审计程序，包括控制测试和实质性程序。当存在以下情形之一时，注册会计师应当实施控制测试：一是在评估认定层次重大错报风险时，预期控制的运行是有效的；二是仅实施实质性程序不足以提供认定层次充分、适当的审计证据。在实务中，部分注册会计师在应该测试内部控制时没有测试或测试流于形式。注册会计师不测试内部控制的主要原因体现在几个方面：一是觉得我国企业内部控制整体较差，不具备制度基础审计的条件；二是觉得技术上难度较高；三是认为了解内部控制不符合成本效益原则；四是控制测试的结果与实质性测

试的衔接有问题。技术难度主要体现在确定样本量、证据的主观性、信息技术环境下不知如何测试及评价测试结果较难等方面。

在审计实务中不了解和测试内部控制，也反映了我国注册会计师过分依赖实质性程序的实际状况，没有认识到实质性程序对某些重大错报风险的局限性。

四、部分注册会计师对风险导向审计的先进性和适用性还存在认识上的误区

部分注册会计师认为，实施风险导向审计准则后，审计效果没有提高，审计效率没有提高，审计成本增加。这与预期相反，有两个可能的解释：一是相当数量的注册会计师仍然对风险导向审计存在误解，把其他因素导致的审计成本增加归咎于实施风险导向审计准则，包括监管力度的加大迫使注册会计师比以前更严格地执行准则及工作底稿准则要求的加强等因素导致审计成本的增加。二是实施风险导向审计准则有一个“学习曲线”的问题，在刚开始执行时，很多注册会计师可能觉得风险评估增加了工作量，特别是记录了解的被单位情况，却没有带来减少实质性测试实实在在的效果。

部分注册会计师对风险导向审计仍存在误解，认为它更适合于大型复杂企业财务报表的审计。其实，风险导向审计适用于不同规模企业的财务报表审计，并不是说企业规模较小，就可以不进行风险评估，只不过是风险评估比较简单直接。同样，风险导向审计只有在特定情况下才要求注册会计师测试内部控制，并没有要求对小规模企业财务报表的审计采用综合性方案，对内部控制进行测试。

总之，缺乏运用风险导向审计准则的能力是执行不到位的主要原因。当然，从主要依赖实质性程序的账项基础审计阶段过渡到风险导向审计阶段尚需要时日。

第七章　研究结论、政策建议及未来研究方向

本章首先对前面各章的研究结论进行总结。在此基础上提出政策建议。最后，提出未来进一步研究的方向。

第一节　研究结论

一、关于风险导向审计理论的规范研究

风险导向审计兴起于20世纪70年代末、80年代初。它属于审计方法论（methodology）的范畴，它针对的是审计工作的总体思路或策略。风险导向审计要求注册会计师在审计过程中以重大错报风险的识别、评估和应对作为审计工作的主线。重视重大错报风险识别和评估的作用、风险引导资源的配置、审计资源分配向高风险领域倾斜、审计工作重心前移及对实质性测试的依赖减少是风险导向审计的特征。风险导向审计中的“风险”应为“重大错报风险”，不应为“被审计单位的经营风险”或“审计项目给会计师事务所带来的经营风险”。

风险导向审计是制度基础审计的继承和升华。制度基础审计强调内部控制的了解和测试，但是却没有将其上升到重大错报风

险识别、评估和应对的高度，因而会导致注册会计师在审计过程中失去方向，或者说导致注册会计师的实际审计工作与审计目标脱节。其次，从识别、评估和应对重大错报风险的角度而言，制度基础审计只抓住了问题的一个方面，即控制风险，却忽视了问题的另一个方面，即固有风险。当然，在向风险导向审计演进的过程中，制度基础审计思想的合理内核得以继承。

企业规模的不断扩大和经营复杂程度的日益增加与审计资源有限性之间的矛盾是风险导向审计产生的根本原因。审计目标演进为风险导向审计的产生提供了可能。风险管理理论的形成为风险导向审计提供了理论基础，审计职业界审计风险意识的不断增强为风险导向审计提供了土壤。不断降低审计成本和提高效率是审计职业界实施风险导向审计的内在动力。

20 世纪 90 年代中后期，国际大型会计师事务所对审计方法论进行了创新，提出了经营风险导向审计。强调经营风险与审计的联系是经营风险导向审计的本质特征。经营风险导向审计与传统的风险导向审计在审计思维、理论基础、了解和测试内部控制、审计证据、审计产出、审计项目组的知识结构等诸方面存在差异。

经营风险导向审计继承了传统风险导向审计的思想。经营风险导向审计是新形势下对传统风险导向审计的深化。经营风险导向审计有很多创新之处，特别是它适应了形势变化的要求，改良了评估财务报表重大错报风险的方法，使得注册会计师的风险评估结果更为全面、准确。

经营风险导向审计引起了许多争议，包括它是否真正以提高审计质量为出发点，它是否能够真正保证审计效果，其技术缺陷是否能够真正解决，以及其技术是否能够真正贯彻实施。

虽然经营风险审计已经夭折，但是它却给审计实务界及理论界、监管机构、审计准则制定机构带来深刻的思考，包括审计的定位、传统审计的局限性以及审计证据组合。

二、关于风险导向审计思想对审计准则影响的研究

结合美国审计准则发展史和审计报告演变史，笔者梳理了风险导向审计准则的发展脉络并将其分为四个发展阶段。一是萌芽阶段（20世纪初至30年代末）：审计准则制定以审计程序为中心，但“风险”的概念开始萌芽。二是孕育阶段（20世纪30年代末至70年代末）：审计准则制定以制度基础审计思想为主导，但“风险”概念的重要性得以提升，同时，制度基础审计催生了审计风险模型的雏形和“控制风险”概念。三是成熟阶段（20世纪70年代末至90年代中后期）：形成系统的风险导向审计思想，审计准则制定开始以风险导向审计思想为主导。四是深化和创新阶段（20世纪90年代中后期以来）：风险导向审计思想在审计准则中的地位更加突出，深化和创新的成果写入审计准则。

三、关于我国风险导向审计准则贯彻实施中遇到的问题

2006年2月15日，我国的风险导向审计准则发布，并自2007年1月1日起在我国境内所有会计师事务所执行。风险导向审计准则至今已实施了5年多。

风险导向审计准则贯彻实施已取得很大的成绩，很多注册会计师已逐渐接受了风险导向审计的理念，并在审计实践中予以贯彻。但是，审计执业界对风险导向审计仍然存在不少误解，包括风险导向审计是否适用于不同规模和复杂程度的被审计单位，风险导向审计是否能够真正提高审计效果和效率。同时，也有部分注册会计师执行风险导向审计准则不到位，如在风险评估阶段不运用分析程序，风险评估流于形式、实施的实质性程序与评估的重大错报风险存在脱节现象，注册会计师实施的实质性程序的范

围并不总是与评估的认定层次重大错报风险水平存在清晰的对应关系。我国注册会计师缺乏运用风险导向审计准则的能力是执行不到位的重要原因。

第二节 政策建议

一、进一步统一对风险导向审计思想的认识，继续把风险导向审计准则的贯彻实施推向深入

会计师事务所、注册会计师和行业监管部门需要共同努力，把思想统一到风险导向审计上来，继续把风险导向审计准则的贯彻实施推向深入。会计师事务所和注册会计师要加强培训，深入领会和运用风险导向审计思想的精髓，消除对风险导向审计的神秘感，不断提高运用风险导向审计准则的能力。行业监管部门在执业质量检查过程中，也要适应风险导向审计的思路，不能过分注重某项具体审计程序是否实施，而需要关注背后的重大错报风险评估过程及结果。否则，会导致注册会计师不敢根据风险评估结果对审计程序作出取舍和调整。

二、开发贴近实务的风险导向审计准则实施配套工具，提高准则的可操作性

一是风险评估方面的指引。风险评估需要很高的职业判断水平，是实施风险导向审计准则的一个难点。很多注册会计师对其存在误解，有的认为风险评估很神秘，不易掌握；有的认为风险评估程序很“玄乎”，对其结果也不放心，不敢据以确定实质性程序的性质、时间和范围。因此，有必要通过案例等，演示真实审计项目如何进行风险评估。

二是内部控制了解和测试方面的指引。内部控制了解和测试在实施风险导向审计准则中起着重要作用。然而，我国注册会计师长期习惯于运用实质性程序，而对内部控制了解和测试比较生疏，实务中的运用停留在表面上，甚至排斥。其原因在于很多注册会计师对内部控制了解和测试存在误解以及技术上不具备专业胜任能力。这样既不利于注册会计师贯彻实施风险导向审计准则，也不利于注册会计师向被审计单位提供有价值的管理建议。在监管部门要求对财务报告内部控制进行审计的情况下，更会导致注册会计师不会审计，或在与国际同行竞争中处于技术劣势。因此，有必要制定这方面的指引，详细演示如何分业务循环了解和测试内部控制，如何了解和测试整体层面的内部控制，如何将内部控制了解和测试与风险评估和应对有机结合起来，在同时要求对财务报告内部控制进行审计的情况下，如何将财务报表审计中的内部控制了解和测试与内部控制审计中的相关工作整合起来，实现一箭双雕的目的。

三是审计量化方面的指引。风险导向审计准则实施的一个难点是风险评估结果如何具体影响实质性测试的范围。不解决这个问题，风险导向审计准则能减少审计测试工作量、提高审计效率的优点就无法落到实处，注册会计师在审计实务中很难接受和贯彻风险导向审计的思想。因此，对中小会计师事务所而言，制定风险导向审计模式下的审计量化指引，克服关键技术障碍，破除“四大”所在这方面的技术垄断，就显得十分必要。指引要重点解决如何综合考虑账户余额层次水平审计重要性、可接受的审计风险水平、评估的认定层次的重大错报风险等因素确定样本规模。

四是信息技术环境下的审计指引。目前，我国很多审计教材仍然以被审计单位采用手工记账为假设的审计环境。当今世界，信息技术飞速发展，在被审计单位的运用程度越来越高，很多单位采用了 ERP 系统，出现了绕过计算机无法审计的情况。因此，应当制定信息技术环境下，如何识别、评估和应对相应的审计风险方面的审计指引，就显得十分紧迫。

五是研究建立适合风险评估的行业数据库。行业数据库对注册会计师在风险评估阶段运用分析程序十分有用。另外，还可针对不同行业，总结各业务流程的风险点、控制目标、关键或常用内部控制政策或程序，供注册会计师了解和测试具体审计项目时参考。行业数据库可通过两种途径获取：一是向商业化的数据公司购买；二是由会计师事务所自己积累。在我国，目前市场上销售的商业化数据与实现审计目的有相当大的差距，绝大多数数据是公开信息，而对审计有用的一些其他信息则缺失，如生产成本、原材料价格等数据，这大大降低了商业化数据的使用价值。会计师事务所积累行业数据需要较长的时间和较多的投入，且我国会计师事务所内部按行业细分业务部门尚没有到位，影响了积累行业数据的能力。因此，应当研究建立适合风险评估的行业数据库。

六是开发审计软件。审计软件是降低审计成本、提高审计效率的有效手段。在风险导向审计模式下，尤其如此。在审计过程中，每年实施的风险评估程序及了解到的被审计单位情况具有一定的稳定性，在审计软件的支持下，可以很方便地更新；风险评估结果在审计的多个阶段都可能用到，在审计软件的支持下，可以很方便地复制。可以说，有了审计软件的支持，对于连续审计，实施风险导向审计准则的成本就会大大降低。目前，我国会计师事务所自身开发审计软件的能力比较有限，因此，可借助行业力量，支持一两家软件开发公司，开发支持风险导向审计的审计软件。

三、加强职业道德教育，提高注册会计师的职业判断水准

与程序导向审计准则不同，风险导向审计准则给了注册会计

师更大的职业判断空间。在识别、评估和应对重大错报风险时都需要运用职业判断。一项具体的实质性测试程序是否实施、何时实施、实施的范围都需要运用职业判断作出。这一方面带来准则实施监督的问题，行业监管部门很难依据某项审计程序是否实施直接判断注册会计师是否履行了勤勉尽职的义务。正如在访谈中一位会计师事务所资深合伙人指出："任何一种方法都没有职业精神（理念）重要，即你是把商业利益还是职业追求放在首位。在风险导向审计模式下，职业精神更为重要，因为职业判断的成分更多了"。因此，需要加强职业道德教育，使职业道德理念植根于每一个注册会计师的心目中，作为一种保证职业判断质量的内生机制，确保职业判断是在审计准则的框架下，充分利用了自身的专业训练和知识，基于维护公众利益的立场作出的最佳判断。另一方面，注册会计师要习惯于作职业判断，不断提高职业判断水准，这样才能使风险导向审计准则实施到位，提高行业的专业价值。

四、不断优化执业环境，为注册会计师执行风险导向审计准则创造条件

当前，我国审计准则已实现与国际审计准则的实质性趋同。然而，国际审计准则植根于西方成熟的市场经济环境。因此，不断优化我国注册会计师的执业环境，使之逐渐与国际审计准则运行的环境相趋同，成为一项长期的任务。只有这样，才能保证先进的执业标准能够落到实处。因此，要贯彻实施好风险导向审计准则，还需要在以下几个方面做好工作：首先，独立性是审计的灵魂，也是高质量审计的前提。有相当一部分注册会计师认为，在我国审计的真正难题不在于技术层面，而在于发现财务报表舞弊后如何面对来自各方面的压力。因此，要继续改进公司治理，增加对真实审计信息的内在需求，提高注册会计师执业的独立性。其次，要继续加强审计准则实施监督，树立执行准则的权威性，营造“良币驱逐劣币”的氛围。再者，实施风险导向审计准则需要多元化的审计证据，因此需要得到被审计单位各方面人员及被函证单位的配合。因此，加强对他们的宣传也同样重要。最后，应当适当提高审计收费水平。

五、不断完善风险导向审计准则，保持执业标准的适用性

风险导向审计准则是近几年各国审计准则修订的最大亮点。随着风险导向审计准则的实施，需要将审计实践中总结出的先进的风险评估和应对经验上升为准则的要求或指南的内容，需要针对执业质量检查中遇到的问题，对准则和指南作出校正。例如，在我国的经济、社会、文化环境下，到底哪些因素有助于注册会计师评估重大错报风险，需要纳入准则和指南。当然，在完善的过程中，需要将注册会计师的日常语言与准则的专业词汇打通。

风险导向审计准则、舞弊准则、财务报告内部控制审计准则三者之间的内容存在交叉和共通之处。舞弊准则是注册会计师在运用风险导向审计准则识别、评估和应对因舞弊导致的重大错报风险时的具体考虑。风险导向审计准则和财务报告内部控制审计准则均涉及内部控制的了解和测试工作。因此，美国正在研究将这三者予以进一步整合。同时，总结提炼审计实务中总结出的、对识别重大错报风险有用的因素，例如被审计单位股票价格异常波动等。这些无疑代表着风险导向审计准则下一步发展的方向，需要我们密切关注。

最后，是否要为中小企业审计另行制定一套审计准则一直是一个争论不休的问题。我们还要深入研究中小企业执行风险导向审计准则的问题。如果中小企业确实需要审计，可以完善风险导向审计准则，消除注册会计师对其适用性的疑虑。

第三节 研究的不足及未来研究方向

本书附录对风险导向审计方面的已有研究进行了梳理，对研究成果和研究方法进行了评价。风险导向审计准则给学术界带来了很多的研究机会，本书的研究具有一定的局限性。限于篇幅和有限的研究时间和精力，理论研究部分没有将风险导向审计理念置于审计理论结构这个大的框架中，去深入研究风险导向审计理念与审计假设之间的关系，也没有对风险导向审计准则中的一些重要的二级概念进行深入研究。就审计理论建设而言，至少需要研究以下几个方面：首先，纵观审计技术发展的历史长河，从账簿资料以外获取审计证据或获取企业经营状态方面的证据是一个发展方向，对注册会计师发现舞弊起着越来越重要的作用。然而，获取和评价这些证据需要综合运用各种知识和技能，同时随着职业判断成分的增加，审计证据的主观性相应较强。如何在符合成本效益的提前下，综合运用这些审计证据与传统的审计证据，将审计风险降至可接受的低水平，值得深入研究。在实务中，注册会计师可能反复提出的一个问题是，了解被审计单位情况当然是多多益善，但是在审计时间和成本的压力下，到底需要在多大程度上了解被审计情况？风险导向审计准则的规定可能比较原则，即了解的程度要足以使注册会计师能够识别和评估重大错报风险。审计理论界可能需要对新型审计证据的特点、效力及获取的具体途径进行更深入的界定。其次，风险导向审计准则反复强调“合理保证”的概念，强调注册会计师应当将审计风险降低至可接受的低水平。到底这两个互补概念的精确含义是什么，需要审计理论界作出进一步的研究，否则会影响到注册会计师的实务操作。最后，实施风险导向审计准则后，审计理论体系中的很多概念需要重新审视，包括审计证据与审计假设之间的关系，审计目标与审计方法论之间的关系，等等。

就实证研究而言，风险导向审计准则的实施也提供了广泛的研究机会，特别是对风险评估和应对中的职业判断和审计计划决策的实证研究。未来研究可在这几个方面作出改进。

附录：

风险导向审计研究文献综述

学术界对风险导向审计有许多研究和探索。其中，既有对风险导向审计理论的规范研究，也有对风险导向审计理论的实证研究。本附录对现有的研究成果和研究方法进行梳理，总结已有研究的成果和不足，为进一步研究建立分析框架，提供理论基础。

一、关于风险导向审计理论的规范研究

（一）审计方法论的作用

过去，审计理论界从纯技术角度考虑审计方法论的作用，认为审计方法论是实现审计目标的技术手段。最近十多年，审计理论界提出了许多不同的视角。Curtis 和 Turley（2007）进行了总结，提出审计方法论与会计师事务所的经营模式、会计师事务所内部对一线执行业务注册会计师的控制、审计职业界的合法性等均有一定的关联。

——审计方法论与会计师事务所的经营模式。Jeppesen（1998）指出，自20世纪80年代以来，审计收费和毛利受到越来越大的竞争压力，为了在竞争性的市场中保持或提高盈利能力，事务所的管理层借助于审计方法来树立专业服务的品牌，进而向现行或潜在的审计客户营销服务。Morris 和 Empson（1998）认为，大型会计师事务所将组织知识固化到高度结构化的审计方法论中，这样可以使经验不丰富的员工使用这些固化的知识，有

利于采用多层级的组织架构，从而得到超过平均数的利润。Barret、Cooper 和 Jamal（2005）认为，通过审计过程中更多关注管理咨询业务的机会，审计方法论可以帮助会计师事务所将低附加值的审计服务扩展到更有利可图的咨询服务。

——审计方法论与对业务执行层的控制。大型会计师事务所人员分为两个层次：管理层和业务执业层。审计方法论一般由管理层开发，而由业务执行层在做业务的过程中贯彻执行。这两个层次人员的利益、权力基础和对合规的审计流程的理解不同，从而决定他们之间可能产生紧张和争议。会计师事务所的资源和规则主要由管理层控制。针对如何做业务，管理层制定程序性和实质性的规则，确定控制和评价业务层的工作的基础。Carpenter 等人（1994）认为，审计方法日益结构化，部分是出于管理层控制业务执行层专业判断的需要：

> “管理层满脑子装的是其事务所面临的政治和经济力量，关注制定程序性和实质性的规则，借以控制做业务的方式。他们主要服务的并不是客户或内部业务层，而是其所在的会计师事务所。他们的权力和权威正是来自于其会计师事务所。因此，管理层试图将专业技能，通过一系列的规则，固化到组织的结构中。”

——审计方法论与审计职业界的合法性。审计职业界通过审计方法论向外界展示审计是一门理性的、客观的科学，注册会计师是理性的专家，具备专门知识和技能。Power（1995）认为，尽管审计风险模型在理论上值得商榷，在操作上模糊不清，但其得以存在，是因为它能够为审计提供一个抽象的理论基础，它使重塑审计工作、减少细节测试的行为合理化。

——审计方法论与具体审计业务的合法性。Power（2003）认为，对执行业务的注册会计师而言，审计方法论在形成一套合法的、正式的、可保护自身的审计过程记录（即工作底稿），以应付检查者检查方面起着重要作用。

这些视角对理解风险导向审计，特别是经营风险导向审计，具有一定的指导意义。

（二）传统风险导向审计

王光远于1989年著的《制度基础审计学》是我国全面、系统地探讨制度基础审计理论和技术的第一部专著。该专著还提出了要对审计风险进行全过程控制，并将对内部控制的了解和测试融入审计风险控制过程中，从而将制度基础审计与传统风险导向审计有机地结合起来。

秦荣生（2003）分析了风险导向审计产生的原因，提出了审计风险管理的思想，阐述了审计风险模型的运用及其局限性，并介绍了风险导向审计的程序和方法。他认为，制度基础审计的缺陷是风险导向审计产生的外在原因，规避审计风险是风险导向审计产生的内在原因。虽然风险导向审计与制度基础审计在许多程序上有着相同之处，但前者将被审计单位置于一个大的经济环境中，全方位地判断影响审计风险的各个因素，从企业的商业环境、条件到经营方式和管理机制等内外两个方面来分析评估，并且这种评估比单纯的账项检查更为重要。

朱小平、叶友（2003）对审计风险、商业风险等几个相关概念进行了辨析，提出制度基础审计是以审计风险为核心的概念模型，而风险基础审计是以商业风险为核心的概念模型。他们的研究促使审计理论界深入思考和完善风险导向审计思想中的基本概念，但是制度基础审计和风险基础审计中所指的风险的精确含义仍需要研究。

刘力云、胡春元是较早以审计风险作为博士论文选题的研究者。刘力云在《审计风险与控制》一文中论述了审计风险的概念，风险基础审计的发展脉络、审计流程及其与制度基础审计的关系，审计风险控制的理论和实务操作技术。胡春元的研究视野较为宽广，试图从审计理论结构的高度研究风险导向审计。他们的研究对审计理论和实务界认识审计风险以及传统风险导向审计起了积极的推动作用，为以后的进一步研究奠定了基础。

（三）现代风险导向审计

1997 年，毕马威出版了《透过战略系统棱镜审计》一书，对经营风险导向审计的理念进行了阐述。1999 年，为研究审计方法论的创新，一些审计准则制定机构和来自英国和加拿大的学者成立了一个研究小组，并出版了《大型会计师事务所审计方法论的发展》。2001 年，Knechel 教授出版了被誉为第一本体现经营风险导向审计理念的审计学教材。《会计、组织和社会》杂志于 2007 年第 32 期刊登专栏从不同角度介绍经营风险导向审计（Business Risks Auditing）。这些研究对审计理论和实务界了解经营风险导向审计的本质、特征及实务运用有很大的帮助，也为以后的经营风险导向审计实证研究提供了理论框架。

Cullinan 和 Sutton（2002）对国际会计公司的审计方法论创新提出了质疑。他们指出，国际会计公司的审计方法论创新强调了解被审计单位的经营流程及信息系统，重视运用分析程序，弱化对交易和余额的实质性测试。他们认为，近些年来审计职业界承认对发现和报告舞弊负有责任，但是这些方法上的创新与实现承担发现舞弊的责任的目标是背道而驰的，因为当今绝大多数财务报表舞弊是被审计单位高层逾越内部控制造成的，了解和测试内部控制是无效的。

黄世忠、陈建明（2002）在分析美国安然、世通等系列公司财务舞弊案件后，认为导致审计失败的一个重要原因是“五大”会计师事务所采用了风险基础的审计模式。他们认为，按照这一模式的逻辑，如果被审计单位经营失败的风险较低，即使被审计单位财务报表存在错报漏报的可能性，注册会计师卷入诉讼的概率也不会太高。在此情况下，实施大规模费时费力、代价高昂的实质性测试显然是不符合成本效益原则的。这样造成的后果是，会计师事务所将花大量精力研究客户的行业风险和经营风险，而对审计意见进行直接支持的实质性测试越来越少。

刘峰、许菲（2002）从我国法律风险的角度探讨了风险导向审计在我国的适用性。他们认为，给定利己经济人假设和道德风险，风险导向审计很容易走向极端性运用。风险导向审计产生于美国 20 世纪 70 年代高法律风险的外部环境，我国会计职业界所面临的法律风险低，如果简单套用风险导向审计，有可能导致审计质量系统性低下。

可见，Cullinan 和 Sutton，黄世忠、陈建明，刘峰、许菲等的研究采用的是规范研究的方法，揭露了经营风险导向审计的缺陷，有很大的理论价值。当然，这些结论尚需要理论整合及实证检验。

（四）风险导向审计与审计准则

陈毓圭（2004）阐述了风险导向审计的由来和发展，将风险导向审计的发展分为传统风险导向审计和现代风险导向审计两个阶段，得到了审计理论界的认可，对在我国统一认识起到了很大的作用。他还就如何修订我国审计准则，以进一步体现风险导向审计思想的影响做了系统阐述。

张龙平等人（2004）解析了国际审计与鉴证理事会 2003 年 10 月发布的风险导向审计准则的重大实质性变化，并提出我国的应对措施。

（五）审计方法论的历史演进

不少学者从审计目标演变的视角考察审计方法论的演进。

Brown（1962）探讨了审计目标的演变及其与审计技术之间的联系。其研究结论见附表。

附表　　审计目标与审计技术演进史表

年代	审计目标	核查的程度	内部控制的重要性
1850 年以前	发现舞弊	详细检查	没有认识到
1850—1905 年	发现舞弊/发现员工错误	部分抽查，主要是详查	没有认识到
1905—1933 年	确定财务报表的公允性 发现错误和舞弊	抽查和详查	少许认识
1933—1940 年	确定财务报表的公允性 发现错误和舞弊	抽查	对内控的兴趣开始觉醒
1940—1960 年	确定财务报表的公允性	抽查	较大程度上强调
1960 年以后	确定财务报表的公允性 发现错误和舞弊	抽查	

由于 Brown 的研究成文于 1962 年，当时风险导向审计还没有兴起，因此该研究主要考察了审计目标演进与审计抽样及制度基础审计的关系，而没有考察审计目标演进与风险导向审计的联系。但是，Brown 认为，不能用审计目标的演变来解释审计技术方法的演进。

Elliott 和 Jacobson（1987）回顾了美国审计目标的演变及审计方法论的演变。他们认为审计目标的演变对审计方法论的演变有定向作用。市场要求、政府监管机构、法院等外部力量对审计方法的演变起了重要作用。其中，市场力量（企业规模和复杂程度的增加）和审计报告使用者力量对比的变化决定了美国审计从详细审计转向资产负债表审计。其他学科的发展为审计技术提供了新鲜的血液。随着审计标准的建立健全，审计流程的结构化不断提高，但职业判断空间越来越大。他们对统计抽样的运用、制度基础审计及其与审计风险模型之间的关系进行了深入的研究。在探索统计抽样在审计中的运用过程中，审计测试和审计风险的概念得以清晰化，符合性测试和实质性测试的界限得以分清，审计风险模型得以浮出水面。早期，职业界普遍认为，注册会计师可以利用抽样，因为被审计单位的内部控制可以依赖。但审计风险模型的提出，即使被审计单位的内部控制不可以依赖，注册会计师仍然可以在实质性测试中采用抽样，并将审计风险降至可接受的水平。

Cooper 和 Turley（1991）采用解读会计师事务所内部审计手册和访谈的方法研究了英国 21 家大型会计师事务所方法论的发展趋势，还探究了方法论演进的动因。他们考察了审计风险、重要性、内部控制、分析性程序及审计抽样等诸方面。他们得出结论，经济压力和审计效率是影响审计方法论演进的主要因素。就审计风险而言，尽管参与研究的会计师事务所普遍接受了审计风险概念，但审计风险概念在实务中的运用差异很大。他们指出，对风险导向审计在审计实务中的运用，需要进行实证研究。

Colbert（1987）通过检索相关文献，回顾了审计风险概念的由来，得出结论认为，对审计风险的早期探索是在研究统计抽样的背景下进行的，后来审计风险逐渐成为贯穿整个审计过程的一个基本概念。

王越豪（2003）认为审计模式的演进经历了详细审计模式、会计报表审计模式、制度基础审计模式及风险导向审计模式四个阶段。风险导向审计模式在理论和技术上尚未完全成熟。在选择审计模式时，不能脱离被审计单位的性质、规模等具体情况。因此，应针对不同的被审计单位选择不同的审计模式，但无论是以制度基础审计模式为主还是以会计报表审计为主，都应该同时引入风险导向审计的理念，并将其贯穿于整个审计过程。

这些研究有很大的史料价值，能够澄清审计发展史中的很多重大问题。其中，很多研究结论在我国仍有很大的普及价值。

二、关于风险导向审计理论的实证研究

（一）审计风险模型的实务运用

Daniel（1988）测试了三个版本审计风险模型在审计实务中的运用情况。Daniel 采用了试验的研究方法。具体设计是，由 33 名审计经理各自对一项真实审计业务中的应收账款按审计风险模型中的不同要素分别进行风险评估，得到固有风险、控制风险、分析程序风险、细节测试风险和最终审计风险等要素的 33 组取值。然后研究者将不同要素的风险评估结果按各种审计风险模型分别进行计算得出（实际）审计风险，并将结果与审计经理们主观评估的最终审计风险相比较。研究结果表明，后者要比前者显著地高。这说明，注册会计师在实务中并没有按审计风险模型的要求将不同要素的风险评估结果进行综合得出实际的审计风险。

Jiambalvo 和 Waller（1984）采用了试验的研究方法测试了将审计风险按要素分解是否能够提高注册会计师的职业判断。具体设计是，由 13 名注册会计师评估假设案例中 4 组应收账款的审计风险。试验对象分为两组：第一组被要求直接对细节测试风险进行全面评估；第二组被要求先考虑并量化对最终风险、控制风险和分析程序风险的判断，然后对细节测试风险进行评估。第二组试验对象提供的细节测试风险评估结果是采用分解/直觉的方法得到的。然后研究者根据第二组试验对象提供的最终风险、控制风险和分析程序风险的数据，按美国审计准则公告第 39 号中的审计风险模型，计算得出细节测试风险。第三种方法即为分解/代数法。研究者将用这三种方法得出的细节测试风险进行比较，结果表明，虽然全面/不分解和分解/直觉两种方法得出的结果不存在显著差异，但在分解/直觉和分解/代数这两种方法产生

的结果存在显著差异。这说明，在审计实务中，很可能注册会计师并没有严格遵循第 39 号中的审计风险模型中的相乘模型。

Houston 等人（1999）采用试验的方法研究了审计风险模型在何种情形下能够解释审计计划决策（包括审计投入和审计收费）。在试验中，审计合伙人和经理被分成两组，分别处理一个案例。在第一组试验对象处理的案例中，试验对象被告知发现了一个由舞弊引起的重大错报，而在第二组试验对象处理的案例中，试验对象被告知发现了一个由错误引起的重大错报。试验对象被要求评估审计风险模型的各组成要素、该案例给会计师事务所带来的经营风险，并给出建议的审计投入和审计收费。结果发现，在错误导致重大错报可能性较高的情况下，审计风险模型更能够解释审计计划决策，审计收费也没有一个针对给会计师事务所带来的经营风险的溢价。但是，在舞弊导致重大错报可能性较高的情况下，给会计师事务所带来的经营风险更能够解释审计计划决策，审计收费含有针对给会计师事务所带来的经营风险的溢价。审计风险模型只适合于发现错误引起的重大错报，没有将会计师事务所经营风险纳入在内考虑，因而不能通过改变审计风险构成要素有效管理与舞弊相关的会计师事务所经营风险。当发现舞弊时，审计项目组考虑的因素要比 SAS 47 包含得多，SAS 47 提供的指导不到位，因而可能需要修改。

（二）风险评估的实证研究

Waller（1993）研究了毕马威会计师事务所执行的 215 项审计业务中审计项目组对应收账款、存货和应付账款三个账户认定层次的固有风险和控制风险评估。相关数据摘自有关工作底稿。他们得出结论：（1）对某个账户而言，不同认定发生错报的比率不同，但审计项目组倾向于对所有认定的固有风险和控制风险评估为同一水平；（2）就某一账户的所有认定而言，审计项目组的固有风险评估水平与该认定错报发生率呈弱正相关，但就该账户最重要的认定而言，相关性要强一些。这就是说，在实务中，注册会计师可能对某账户最重要的认定的重大错报风险水平进行评估，对其他认定只是机械套用这一评估结果。他们的研究说明，要么重新考虑对每项认定单独进行评估的要求，要么提高注册会计师评估认定层次风险的能力。

Houghton 和 Fogarty（1991）利用问卷调查的方法调查了 Deloitte Haskins & Sells（德勤的前身）美国、英国、南非成员所执行的 480 项审计业务。他们得出几点结论：一是对财务报表重大错报风险评估而言，固有风险评估非常重要，但当时的审计准则和专业文献强调控制风险的评估，而对固有风险的评估没有给予应有的重视。评估重大错报风险应当注重固有风险的评估，而不应仅仅以控制风险评估为重。二是与得到例行处理的交易相比，非例行处理的交易发生错报的可能性要高得多，这一点没有得到足够的重视。三是只要充分了解被审计单位的情况，固有风险是可以有效进行评估的，但当时的审计准则和专业文献认为固有风险评估很困难或很不经济。该项研究对修改德勤会计师事务所的内部审计方法论及后来修订审计准则奠定了基础。

Chow 等人（2006）对包括国际会计公司中国成员所在内的中国境内会计师事务所的合伙人及经理发放了调查问卷和进行了访谈，以了解影响风险评估的因素。他们共收到有效调查问卷 102 份。他们据此总结出了给注册会计师的风险评估造成困难的各种因素，并分析了“四大”成员所与内资事务所存在的差异。

（三）风险评估和风险应对联系的实证研究

Bedard（1989）研究了本期与上期相比实质性程序具体审计计划修改的情况及原因。她发放了调查问卷，采集真实审计项目工作底稿中的相关信息，调查问卷涉及应收账款、存货和应付账款等三个财务报表项目，调查问题包括：（1）具体审计计划修改的次数及性质；（2）修改的理由；（3）与修改相关的具体因素。研究结果发现，实质性程序具体审计计划相当稳定。内部控制较好和过去测试结果较好是减少实质性测试时提到最多的理由。增加实质性测试提到的理由较多样化。有趣的是，增加实质性测试的原因很少被归于分析程序，在以前调整分录与修改实质性测试计划之间未发现存在联系。Bedard 的研究虽然没有直接针对风险评估和风险应对之间的联系，但因其采用了实际工作底稿中的数据，因而在后来这方面的研究文献中被广为引用。

O'Keefe 等人（1994）用回归方法检验了审计项目的规模、复杂程度、风险等客户特征及审计中依赖内部控制的情况对审计投入的影响。他们用不同级别的审计人员（合伙人、经理、高级审计员、初级审计员）量化审计投入，用财务杠杆系数（反映客户的经营风险及财务报表重大错报风险水平）、是否上市（反映审计项目对会计师事务所带来的风险及财务报表重大错报风险水平）、审计项目组对固有风险的评估结果三个指标量化风险。他们的数据取自一家国际会计师事务所美国业务部 1989 年所执行的 249（实际有效的样本量）个审计项目。他们的结论是：（1）规模、复杂程度和风险解释了约 80% 的不同审计项目在审计工时上的差异，但他们对不同层次的员工投入影响不同；（2）对内部控制的依赖程度对各级别审计员工投入的数量和结构比例均没有系统性影响。

Mock 和 Wright（1993）调查了 159 个审计项目应收账款和应付账款的审计工作，他们从相关工作底稿中收集了 1987—1988 年的审计测试和风险评估的数据。风险包括整个审计项目层次的风险和账户余额特殊的风险。结果发现，审计测试的性质与风险水平之间没有显示强相关性，审计测试有标准化的倾向，即许多审计测试在不同的审计项目都会运用。一个可能的解释是，标准化的测试被执业人员认为是一套能够发现不同审计项目的错报的强有力程序。相反，审计测试的范围与一些风险因素的水平相关，尤其是前期错报。因此，执业人员主要通过调整审计测试的范围，而不是性质来应对客户的风险。

Mock 和 Wright（1999）研究了审计项目组是否根据风险制定审计计划。这次研究是对他们 1993 年研究的跟进，包括几个方面的变化：一是研究数据对应的期间是 1991—1992 年，是在“审计期望差”准则发布实施后；二是这次研究仅涉及应收账款；三是这次研究涵盖的风险因素更全面，增加了与会计师事务所涉诉风险相关的被审计单位的财务状况变量和认定层次的风险变量；四是研究方法的改进，使用结构模型解决审计测试的性质和范围之间的相互依存性；五是在数据采集时更为科学，要求审计项目负责人直接从工作底稿中抄取有关数据。他们从 74 个审计项目的工作底稿中撷取有关应收账款审计的数据。结果发现：(1) 尽管各审计项目的风险评估结果差异较大，但审计计划与客户风险之间并没有强相关性。审计测试的性质与管理层的激进程度和重要性水平两个独立变量具有统计相关性；审计测试的范围仅与估计坏账准备中需要专业判断的程度这一个独立变量具有统计相关性；但模型的总体解释力并不强。(2) 审计计划并不随时间的推移而发生改变，对大多审计项目而言，1992 年的测试与 1991 年的测试之间有强相关性。就审计测试的性质而言，其与一些风险因素（如流动性、盈利能力及存在认定的固有风险）的变化相关；审计测试的范围与风险因素的变化不相关，而与上年审计测试的范围强相关。模型的解释力为中等（调整后“R^2”为 0.5）。总体而言，风险与审计计划的相关性虽然有限，但比前次研究要强。两者之间缺乏强相关性，对审计理论、实务和培训提出了课题。

Hackenbrack 和 Knechel（1997）研究了审计项目中的资源分

配决策。他们研究的独立变量是客户的规模、所属行业、复杂程度、风险（是否为上市公司）、是否提供管理咨询服务、是否依赖内部控制；因变量分别为在不同工作环节上投入的审计工时及在同一工作环节上不同级次人员投入的审计工时。研究数据来自一家国际会计公司所审计的450家公司（实际分析的数据为241家）的公开信息及会计师事务所内部问卷调查信息。他们发现：(1) 客户的规模、所属行业、复杂程度、风险（是否为上市公司）、是否提供管理咨询服务与不同工作环节上投入的审计工时相关；(2) 在依赖内部控制的审计项目中，发现控制了解和测试并没有花费更多工时，实质性测试的工时也没有显著减少，这一结论与审计常理不吻合；(3) 客户的规模、所属行业、复杂程度、风险（是否为上市公司）、是否提供管理咨询服务、是否依赖内部控制影响到同一工作环节上不同级次人员投入的审计工时组合。

Elder和Allen（2003）研究了3家大型会计师事务所风险评估和样本规模的变化情况。他们比较的期间是1994和1999年执行的117家中型公司审计项目，具体涉及的项目是在应收账款和存货审计中抽样的运用。将两个期间相比，他们发现：(1) 审计项目组降低了风险评估水平和样本规模。(2) 对大部分审计项目而言，审计项目组采用依赖内部控制的审计策略［这与Waller（1993）的研究结论相反］，并将固有风险评估为低于最高水平。(3) 对所有的会计师事务所而言，风险评估和样本规模之间的关系并不显著，当然这一关系还取决于具体考察期间。具体而言，固有风险评估与样本规模之间存在显著相关性，这在1994年更为明显，但并不对所有会计师事务所都显著（在1999年更为如此）。第（3）点能说明控制风险和样本规模之间相关关系的证据有限。

Pratt和Stice（1994）采用了试验的方法研究了客户特征对

审计项目组对于涉诉风险的判断、需要的审计证据及建议的审计收费的影响。操纵的变量包括客户的财务状况、资产结构、销售增长情况、股票的总市值和股票价格的波动性。他们得出结论：(1) 财务状况是审计项目组判断涉诉风险时考虑的主要因素，资产结构次之；(2) 财务状况、资产结构与需要的审计证据相关。其余三个变量与需要的审计证据不相关。

（四）经营风险导向审计的实证研究

Erickson 等人（2000）通过解读审计工作底稿和法庭证词，剖析了美国林肯储蓄和贷款机构审计失败的原因，得出如下结论：审计最大的缺陷在于注册会计师未能获取和使用林肯储蓄和贷款机构的经营情况、行业状况、影响行业和业务经营的经济因素，进而未能把握重大交易的经济实质。无论是否存在管理层舞弊行为，了解客户情况均是一项能够提供可靠审计证据的有效审计程序。

Elilifsen 等人（2001）利用案例研究的方法测试了实施经营风险导向审计前后的变化。他们选择的是毕马威会计师事务所审计的东欧一家商业银行，考察的维度包括审计项目组结构、项目管理、审计项目组考虑的风险、收集的审计证据、审计附产品的价值、增值服务机会等方面。经营风险导向审计实施后，作者预期审计有 6 大变化：(1) 审计项目组会考虑许多以前不考虑的战略和环节风险，而以前认为重要的一些审计风险因素重要性下降；(2) 审计项目组更多使用非传统的、来自实质性测试以外的审计证据，特别是内部控制和业绩指标方面的信息；(3) 很多审计工作在期中执行，审计项目组会议增多，与客户的互动增多；(4) 审计项目组技能结构多元化，各方面的专家增多，低层次审计员工减少；(5) 审计副产品（管理建议书）更有价值；(6) 更多的增值服务机会。研究发现，这些预期得以证实。

Bell 等人（2007）研究了经营风险导向审计对审计投入和审计收费的影响。他们选择的数据是毕马威会计师事务所 2002 年执行的 165 个审计项目。他们得出几点结论：（1）在不同级别审计人员投入的时间中，与 1998 年的基准相比，2002 年的审计中合伙人和经理投入时间的比例要高约 40%，而总工时要低 10%。这就是说，经营风险导向审计并没有大大降低审计总工时，但高层次人员投入的比例确实提高了。（2）与对给会计师事务所带来低经营风险的客户相比，对给会计师事务所带来高度或中等经营风险的客户投入更多总工时和高层次人员投入工时比例更高的可能性高四倍。对给会计师事务所带来高经营风险的客户，会计师事务所投入的各层次审计人员的比例均要高。（3）在控制使用的审计工时后，仅对第一年审计客户而言，随着给会计师事务所带来高度或中等经营风险增加，总收费和小时收费率相应增加。

三、对已有研究成果的综合评述

现有的对风险导向审计的探索可从研究的具体领域、研究成果、研究方法三个方面进行评价。

从研究领域来看，涉及风险导向审计的理论、审计风险模型的构建、风险评估及其与风险应对之间联系的实证研究、经营风险导向审计的实证研究。相比较而言，国外研究更多地侧重对风险导向审计理论的实证检验，而国内研究仍侧重风险导向审计理论的引进和阐述。存在几个研究空间：一是对风险导向审计的理念有很多的研究，但很多结论相互矛盾，且研究往往侧重一个具体方面，而缺乏系统、全面的梳理。二是对风险导向审计与审计准则的关系研究比较零星，缺乏能够把各个历史阶段贯穿起来的研究。三是在有关风险评估及其与风险应对之间联系的研究中，有客户自身的经营风险、给会计师事务所带来的经营风险和重大错报风险三种风险，在重大错报风险中，有的针对财务报表层次，有的针对认定层次，这部分影响了研究结论之间的可比性。在直接研究重大错报风险的评估和应对的研究文献中，很多是风险导向审计准则颁布实施前的研究，尚没有检验风险导向审计准则实施效果的研究。

从研究成果看，规范研究丰富了风险导向审计理论，加深了我们的认识，也为实证研究开拓了空间。然而，实证研究对很多审计常识提出了质疑，要求我们进一步完善风险导向审计理论或实证研究方法。比如，审计准则和审计学教材均要求注册会计师根据评估的风险调整审计程序的性质、时间和范围（审计计划的核心决策），然而，从实证结果看，很多审计计划保持相对稳定，与审计风险之间的相关性较弱。再比如，注册会计师可以在审计结束阶段运用审计风险模型，确定是否已将审计风险降至可接受的低水平。然而，实证的结果是，注册会计师很少在审计结束阶段运用审计风险模型。这些结果要么表明所检验的理论不能解释审计实务，或所检验的理论或准则要求在实务中贯彻实施不到位，要么表明研究者的研究方法和数据的可靠性存在问题。

从研究方法来看，除了规范研究外，国外的研究还引入了案例研究、试验、采集工作底稿中的实际数据进行的实证研究。相比而言，国内的研究更多的是规范研究。当然，不同研究方法的优缺点也同样得以体现。在案例研究中，对个案研究比较深入，接近于真实场景，但结论受样本量的限制难以推广。在试验研究中，由于脱离了审计项目组执行项目时的真实场景，容易产生迎合效应（Demand Effect），导致研究结论失真。在采集工作底稿中的实际数据进行的实证研究中，由于工作底稿的保密要求，数据获取比较困难，在通过调查问卷采集数据时，可能导致部分数据失真。

参考文献

1. 陈毓圭："对风险导向审计方法的由来及其发展的认识"，《会计研究》2004 年第 2 期，第 58 - 63 页。

2. 黄世忠、陈建明："美国财务舞弊症结探究"，《会计研究》2002 年第 10 期，第 24 - 32 页。

3. 胡春元：《风险导向审计》，东北财经大学出版社 2009 年版。

4. 胡春元：《审计风险研究》，东北财经大学出版社 1997 年版。

5. 刘峰、许菲："风险导向·审计法律·风险审计质量"，《会计研究》2002 年第 5 期，第 21 - 27 页。

6. 刘力云：《审计风险与控制》，中国审计出版社 1999 年版，第 71 页。

7. 刘均：《风险管理概论》，第二版，清华大学出版社 2008 年版。

8. 李若山：《现代管理科学在审计中的应用》，中国经济出版社 1993 年版。

9. 马贤明、郑朝晖："现代风险导向审计探讨"，《审计与经济研究》2005 年 1 期，第 9 - 13 页。

10. 秦荣生："审计风险与风险导向审计"，《当代财经》2003 年第 7 期，第 83 - 88 页。

11. 秦荣生："对经营风险导向审计的反思"，《审计与经济研究》2006 年第 5 期，第 3 - 7 页。

12. 谢荣：《市场经济中的民间审计责任》，上海社会科学出版社，1994 年版。

13. 谢荣："论审计风险的产生原因、模式演变和控制措施"，《审计研究》2003 年第 4 期，第 24－29 页。

14. 谢荣、吴建友："现代风险导向审计理论研究与实务发展"，《会计研究》2004 年第 4 期，第 47－51 页。

15. 谢志华、崔学刚："风险导向审计：机理与运用"，《会计研究》2006 年第 7 期，第 15－20 页。

16. 王光远：《制度基础审计学》，湖北科学技术出版社 1992 年版。

17. 王越豪："审计模式的比较与选择"，《中国注册会计师》2003 第 8 期，第 24－27 页。

18. 张龙平、陈建明：《独立审计准则导论》，经济科学出版社 1997 年版。

19. 张龙平、李长爱、邓福贤："国际风险导向审计准则的最新发展及其启示"，《会计研究》2004 年第 12 期，第 76－81 页。

20. 朱小平、叶友："审计风险、商业风险、业务关系风险、经营失败与审计失败"，《审计研究》2003 年第 3 期，第 8－13 页。

21. 中国注册会计师协会：《中国注册会计师执业准则指南》，中国财政经济出版社，2010 年版。

22. 财政部：《中国注册会计师执业准则》，经济科学出版社 2010 年版。

23. 中国注册会计师协会：《企业内部控制审计工作底稿编制指南》，中国财政经济出版社 2011 年版。

24. ACCA: *Audit and assurance services,* Foulke lynch, 2004.

25. Adams, R.: "Audit Risk", in Sherer, M. and Turley, S. (eds) *Current issues in auditing,* 2e, London, Sage, 1991.

26. AICPA: *Approved Methods for the Preparation of Balance*

Sheet Statements, New York, 1918.

27. AICPA: *Audits of Corporate Accounts,* 1934.

28. AICPA: *Examination of Financial Statements by Independent Public Accountants,* New York, 1936.

29. AICPA: *Assessing and responding to audit risk in a financial statement audit,* New York, 2006.

30. Alderman, C. W. and Tabor, R. H.: "The case of risk - driven audits", *Journal of Accountancy,* March, 1989, 55 - 61.

31. Arens, A. A., Elder, R. J. and Beasley M. S.: *"Auditing and Assurance services: An Integrated Approach",* Pearson Education International, 11e, 2006.

32. ASB: *Statements on Auditing Standards No.* 1 - 114. New York, AICPA, 2009.

33. Barrett, M., Cooper, D. J., and Jamal, K.: "Globalization and the coorination of work in multinational audits", *Accounting, Organizations and Society,* 30, 2005, 1 - 24.

34. Bedard, J. C.: "An archival investigation of audit program planning", *Auditing: A Journal of Practice & Theory,* Vol. 9 No. 1, Fall, 1989, 57 - 71.

35. Bell, T. B.: and Wright, A. M., eds, "Auditing Practice, Research, and Education: A Productive Collaboration", AICPA, 1995, 11.

36. Bell, T. B.: Marrs, F., Solomon, I., and Thomas, H., *Auditing Organizations Through a Strategic - systems Lens,* KPMG, 1997.

37. Bell, T. B.: Peecher, M., Solomon, I., *The 21st Century Public Company Audit,* KPMG, 2002.

38. Bell, T. B., Doogar, R. and Solomon, I.: "Audit labor

usage and fees under business risk auditing", *Journal of accounting research,* Vol. 46, No. 4, September, 2008, 729 – 760.

39. Boynton, W. C., Johnson, R. N. and Kell, W. G.: *Modern auditing,* 7e, New York, John Wiley& Sons, Inc., 2001, 193.

40. Brown, R. G.: "Changing audit objectives and techniques", *The Accounting Review,* Vol. 37, No. 4, 1962, 696 – 703.

41. Brumfield, C. A., Elliott, R. K., and Jacobson, P. D.: "Business risk and the audit process", *Journal of Accountancy,* April, 1983, 60 – 68.

42. Canadian Institute of Chartered Accountants (CICA): *Extent of Audit Testing (EAT) Study,* Toronto, CICA, 1980.

43. Carpenter, B., Dirsmith, M., & Gupta, P.: "Materiality judgments and audit firm culture: social behavioral and political persectivess", *Accounting, Organizations and Society,* 19, 1994, 355 – 380.

44. Chow, C. W., Ho, J. L. and Mo, L. L.: "Toward Understanding Chinese Auditors' Structuring of Audit Approaches, Client Acceptance Decisions, Risk Assessment, and Stringency of Imposed Reporting Standard", *Journal of International Accounting Research,* Vol. 5, No. 1., 2006, 1 – 23.

45. Cohen Commission.: *Report, Conclusion, and Recommendations of the Commission on Auditors' Responsibilities,* American Institute of Certified Public Accountants, New York, NY, 1978.

46. Colbert, J. L.: "Audit risk: tracing the evolution", *Accounting Horizons,* September, 1987, 49 – 57.

47. Cullinan, C. P. and Sutton, S. G.: "Defrauding the public interest: a critical examination of reengineered audit processes and the likelihood of detecting fraud", *Critical Perspectives on Account-*

ing, 13, 2002, 297 - 310.

48. Curtis, E. and Turley, S.: "The business risk audit - A longitudinal case study of an audit engagement", *Accounting, Organizations and Society,* Volume 32, issue 4 - 5, 2007, 439 - 461.

49. Cushing, B. E. and Loebbecke, J. K.: "Analytical Approaches to Audit Risk: A Survey and Analysis, *Auditing: A Journal of Practice & Theory,* Vol. 3, No. 1, Fall, 1983, 23 - 41.

50. Cushing, B. E., and Loebbecke, J. K.: *Comparison of Audit Methodologies of Large Accounting Firms,* American Accounting Association, Sarasota, FL, 1986.

51. Daniel, S. J.: "Some Empirical Evidence about the Assessment of Audit Risk in Practice", *Auditing: A Journal of Practice & Theory,* Vol. 7, No. 2, Spring, 1988, 174 - 81.

52. Davidson, S. and Anderson, G. D.: "The development of accounting and auditing standards", *Journal of Accountancy,* May, 1987.

53. Elder, R. J. and Allen, R. J.: "A Longitudinal Field Investigation of Auditor Risk Assessments and Sample Size Decisions", *The Accounting Review,* Vol. 78, No. 4, 2003, 983 - 1002.

54. Eilifsen, A. and Wallage, P.: "Application of the business risk audit audit model: a field study", *Accounting Horizons,* Vol. 15, No. 3, September, 2001, 193 - 207.

55. Eilifsen, A., Messier, W. F., Glover, S. M., and Prawitt, D. F.: *Auditing & Assurance Services (International Edition),* McGraw - Hill Education, Maidenhead, 2006.

56. Elliott, R. K. and Jacobson, P. D.: "Auditing technology: a heritage and a promise", Journal of Accountancy, May, 1987, 198 - 217.

57. Erickson, M., Mayhew, W., & Felix, W. L: "Why Do Audits Fail? Evidence from Lincoln savings and Loan", *Journal of accounting research,* Vol. 38, Spring, 2000, 165 - 194.

58. Ernst & Young: *The Audit Innovation Vision Summary,* Ernst& Young, New York, NY, 1994.

59. Fischer, M. J. : "FTSE 100 auditors survey", *Accountancy,* Vol. 134, September, 2004, 31 - 38.

60. Graham, L. : " Audit Risk", *The CPA Journal,* August - December, 1985, 12 - 21, 34 - 40; 36 - 43, 38 - 45, 26 - 33.

61. Hackenbrack, K. and Knechel, W. R.: "Resource allocation decisions in audit engagements", *Contemporary Accounting Research,* Vol. 14. No. 3, Fall, 1997, 481 - 499.

62. Hatherly, D.: "Is the risk - driven audit too risky?", *Accountancy,* August, 1998, 72.

63. Houghton, C. W. and Fogarty J. A.: "Inherent Risk", *Auditing: a journal of practice & theory,* 10, Spring, 1991, 1 - 20.

64. Houston, R. J., Peters, M. J. and Pratt, J. H.: "The Audit Risk Model, Business Risk and Audit Planning Decisions", *The Accounting Review,* Vol. 74, No. 3, July, 1999, 281 - 298.

65. IAASB: 2009 Handbook of International Standards on Auditing and Quality Control, New York, IFAC, 2009.

66. Janet, L. C.: "Audit Risk - Tracing the Evolution", *Accounting Horizons,* September, 1987, 49 - 57.

67. Jeesen, K. K.: "Reinventing auditing, redefining consulting and independence", *The European Accounting Review,* 7(3), 1998, 517 - 539.

68. Jiambalvo, J. and Waller, W.: Decomposition and assessments of audit risk. *Auditing: A Journal of Practice and Theory,*

Spring, 1984, 80 - 88.

69. Knechel, W. R: *Auditing Text & Cases,* South - Western College Publishing, 1998.

70. Knechel, W. R.: *Auditing: assurance and risk,* Cincinnati, South - Western College Publishing, 2001, 88.

71. Knechel, W. R.: " The business risk audit: Origins, obstacles and opportunities", *Accounting, Organizations and Society,* Volume 32, issue 4 - 5, 2007, 383 - 408.

72. Konrath, L. F: *Auditing concepts and application: a risk analysis approach,* Cincinnati, South - western colleage publishing, 1999, 176.

73. Larry, F. K.: *Auditing Concepts and Applications: a risk analysis appoach,* 4e, Cincinnati, South - Western College Publishing, 1999.

74. Magill, H. T.: Previts, G. J. and Robinson, T. R., *The CPA Profession: opportunities, responsibilities, and service,* New Jersey, Prentice Hall, 1998.

75. Manson, S.: "Audit risk and sampling", in Sherer, M. and Turley, S. (eds) *Current issues in auditing,* 3e, Sage, London, 1997.

76. Matthews, D.: *A history of auditing: the changing audit process in Britain from the nineteenth century to the present day,* Oxon, Routledge, 2006.

77. Mock, T. J. and Wright, A. M.: "An exploratory study of auditors' evidential planning judgments?", *Auditing : A Journal of Practice & Theory,* Vol. 18 No. 1. Fall, 1993, 39 - 74.

78. Mock, T. J. and Wright, A. M.: "Are audit program plans risk - adjusted?", *Auditing : A Journal of Practice & Theory,* Vol. 18, No. 1, Spring, 1999, 55 - 73.

79. Morris, T. and Empson, L.: "Organisation and expertise: an exploration of knowledge bases and the management of accounting and consulting firms. *Accounting, Organizations and Society,* 23, 1998, 609 - 624.

80. Moyer, C. A.: "Early developments in American auditing", *Accounting Review,* January, 1951, 5.

81. O' keefe, T. B., Simunic, D. A. and Stein, M. T.: "The production of audit services: evidence from a major public accounting firm", *Journal of Accounting Research,* Vol. 32, No. 2, Autumn, 1994, 241 - 261.

82. Peecher M. E., Schwartz, R. and Solomon, I.: "It's all about audit quality: Perspectives on strategic - systems auditing", *Accounting, Organizations and Society,* Volume 32, issue 4 - 5, 2007, 463 - 485.

83. Power, M. K.: "Auditing, expertise and the sociology of technique", *Accounting, Organizations and Society,* 6, 1993, 317 - 339.

84. Power, M. K.: "Auditing and the production of legitimacy", *Accounting, Organizations and Society,* 28, 2005, 379 - 394.

85. Power, M. K.: "Business risk auditing - Debating the history of its present", *Accounting, Organizations and Society,* Volume 32, issue 4 - 5, 2007, 379 - 382.

86. Pratt, J. and Stice, J. D.: "The effects of client characteristics on auditor litigation risk judgements, required audit evidence, and recommended audit fees", *The Accounting Review,* Vol. 69, No. 4, 1994, 639 - 656.

87. POB: *The Panel on audit effectiveness report and recommendations,* URL: www. pob. org, 2000.

88. Ricchiute, D. N.: *Auditing and assurance services,* 5e, ITP,

1998, 39.

89. Robson, K., Humphrey, C., Khalifa, R. and Jones, J.: "Transforming audit technologies: Business risk audit methodologies and the audit field", *Accounting, Organizations and Society,* Volume 32, issue 4 – 5, 2007, 409 – 438.

90. Suddaby, R., Cooper, D. J., & Greenwood, R.: Transnational regulation of professional services: governance dynamics of field level organizational change, Working paper university of Lowa paper presented to the Clifford chance workshop on professional service firms, Oxford May, 25, 2004.

91. Turley, S. and Cooper, M.: *Auditing in the United Kindom,* Hempstead, Prentice – HALL/ICAEW, 1991.

92. Turley, S., Lemm, M. & Tatum, K.: *Developments in the Audit Methodologies of Large Accounting Firms,* APB, 2000.

93. Thornton, F. W.: *Financial Examinations,* New York, American Institute Publishing Co., Inc., 1933.

94. Waller, W. S.: "Auditors' Assessments of Inherent and Control Risk in Field Setting", *The Accounting Review,* Vol. 68, No. 4, 1993, 783 – 803.

95. Walo, J. C.: "The Effects of Client Characteristics on Audit Scope", *Auditing: A Journal of Practice & Theory,* Vol. 14, No. 1. Spring, 1995, 115 – 124.

96. Zeff, S.: "How the US accounting profession got where it is today", *Accounting Horizons,* Vol. 17, No. 3, 2003, 189 – 205 & Vol. 17, No. 4, 267 – 286.

97. Zimmerman, J. L.: "Agency Problems, Auditing and the Theory of the Firm: Some Evidence", *Journal of Law and Economics,* 26, 1983, 613 – 633, 1983.

后　　记

本书从构思到成文，前后经历近十个春秋。终于释笔，心中大为释然，无限感慨。

感谢我的审计启蒙老师张龙平教授，是他将我引上了研究审计之路。感谢曼彻斯特大学的 Stuart Turley 教授，他的传授让我开阔了视野，对西方审计理论研究认识大大提高。特别感谢我的博士生导师秦荣生教授，是他的精心指导使我能够渡过从博士入门到出门的各种难关。感谢师母张建凉女士，她的大力帮助和仁慈之心增强了我战胜困难的信心。

感谢我的领导给我研究审计准则的舞台并对研究工作提供便利条件，他们是财政部李勇副部长、王军副部长，中国注册会计师协会陈毓圭秘书长、董新钢副秘书长、杨志国副秘书长、梁立群副书记、蔡晓峰副秘书长。也感谢常志安博士、陈龙伟、赵际喆等各位同事对我的关心和支持。

感谢刘明辉教授、戴德明教授、宋常教授、徐经长教授、叶康涛教授、王越豪先生、童登书先生、梁国基先生、李丹先生、杨昕女士、孙晓悦女士、董迎新女士、刘力云博士、王军只博士、吴琼博士，在本文写作过程中给予的大力支持。

特别感谢中国财政经济出版社及蔡丽兰女士对本书出版的鼎力支持。

唐建华

2012 年 4 月